U0077019

# 玩也能學好數學

## 以遊戲開啟孩子的數學天賦

Henning Andersen ◆ 著

張評順 ◆ 譯

# Active Arithmetic!

Movement and
Mathematics Teaching
in the Lower Grades
of a Waldorf School

Henning Andersen

*In Memory of Mr. David S. Mitchell*

An editor with great vision, who helped to disseminate an idea of teaching wherein knowledge acquisition was most efficient most of the time through pleasure and unconscious learning.

We owe David a lot for the publication of Chinese translations which will surely help to raise awareness of pleasure learning in math among our teachers in Taiwan.

## 纪念 David S. Mitchell 先生

透過David協助本中譯版的發行授權，又將有更多孩子能在盡情玩耍中學好數學了！David應該會為此感到高興，相信這正是他當年推出英譯版的初始用心。遺憾的是，我們沒能在他過世之前完成出版。

謹以這份遲來的中譯版表達對David由衷的感謝與敬意。

# 目 錄 Contents

# 作者簡介

## Henning Andersen

　　作者為丹麥的華德福資深教師，在華德福學校任教逾三十年，並且在瑞典的華德福教師培訓中心任教超過十五年。

# 作者序

本　書的目的並非要完整條列出低年級算術的華德福
（Steiner/Waldorf）教學方法。這可從隨後列出的幾個事
實看出來：書中提到四則運算的重要卻未做深入探討、未曾觸
及數字的介紹，而算術的書寫也只稍微提及而已。除此之外，
還有其他的重要主題也被省略了。

　　本書唯一的目的，是探索那些能透過肢體動作來發展算術教
學的部分，而這正是能滿足孩子需求的部分──做每件事情時
要去體驗心靈的質素。許多人可能認為這樣做的野心太大，特
別是對於算術這種「枯燥」的科目。

　　算術當然有其枯燥的部分，這是我們必須考量的，但只有在
孩子獲得充分發展之後才可以去面對。這當中所涉及的，不僅
是技能與know-how的問題，更必須能判斷孩子在各種特定年齡
的不同需求。

　　基本上，本書認為在孩子早年的學校生活中，意志與情感所
占的分量比思想來得重要，但這並不至於使孩子不喜歡算術這
一類的科目。相反的，人類這種心靈特質卻可以在算術中獲得
最好的發揮。

本書不只是針對低年級老師所寫，也可供父母或經常與孩子一起活動的大人做參考。他們可能是想滿足孩子在遊戲中或大小群體律動中的活動需求，也可能想要圍著家中的餐桌提供較為靜態的消遣。所有這些情況，書中提供的活動均能滿足孩子的需求，並可以為往後智能上的活動做重要的預備工作。

作者在Rudolf Steiner學校任教多年，撰寫本書的同時，心中會浮現某些孩子與課堂的情景。在此也邀請讀者一起這麼做。換言之，不管是烹飪或教學，都不要只是把祕方直接拿來用，而是要適度修正，使其能與你撫育的對象相調和。如此，才能真正對身體與心靈均有所助益。

Henning Andersen

# 英文版譯者序

本書開頭的章節對丹麥教育體系提出了一些討論。有人或許會主張，英文版中可以省略某些與之相關的論述。然而，丹麥的情形或許反映了全世界教育體系正在發生的現況，因此我們決定將這些丹麥的經驗保留下來。

我們何其榮幸能與作者共事多年。在翻譯的過程，許多當年我們對算術教學的對話都再次浮現心中。Henning總是如此充滿熱情，總是設法讓我們理解遊戲的實際操演與其背後哲學思想的根基。

透過這些對話，算術課對老師和孩子來說都變成一種真實的喜悅。我們深信，任何閱讀本書的老師也會獲得相同的體驗。

*Verner Pedersen*
*Archie Duncanson*

# 顏序  重新思考教育的本質

張評順先生在我的指導下，於1989年獲得成功大學機械工程碩士學位，是位個性熱心率直、做事鍥而不捨、為學態度嚴謹、品學兼優且尊師重道的有為青年。其論文內容是用曲率理論與微分幾何學，推導變導程螺桿幾何曲面的數學模式。其成果為我所主持的國家科學委員會大型產學合作計畫「變導程螺桿傳動機構之電腦輔助設計與製造」，建立了設計理論的數學基礎，相當難能可貴。

2012年2月，評順來訪希望我替本書寫序，雖然內容非屬我的專業領域，但聽完本書翻譯的緣由之後，我毫不猶豫地答應了，決定排除萬難安排時間撰寫。

本書的原著為丹麥小學教師 Henning Andersen 所著的 *Active Arithmetic!* 一書，重點在於說明數的本質，闡述孩童的發展特性，並強調教導者應有的理念，目的在鼓勵小學低年級老師、父母，及經常與孩子一起活動的大人，能了解並利用孩童天生的韻律感與喜好肢體活動的傾向，來進行低年級的算術教學。

我是位工程領域學者，從小到大都與數學有相當的關聯性。當學生時，雖然數學課程時數不少，但所接受的一直是制式學習方式：上課、寫作業、考試。記憶所及，不曾有過教師將學

生的意志、情感及思想的發展特質，融入教學中的上課體驗。

　　讀完本書（主要為此中譯本，並參考英譯本）之後，感受到有股無形的力量，將長年沉溺於學術研究、馬不停蹄往前走的我，一下子拉回到平靜的起點，由基本面重新認識教學的本質，思考教學理念與策略，檢討以利害關係人（尤其是學生）為本、與時俱進的教學方法。我在成大機械系大學部開授「（創意性）工程設計」課程，要求同學：勇敢的面對問題、不要逃避問題，好好的了解問題、不要誤解問題，有系統的解決問題、不要個案化問題。工程領域的教授，常常直接教導學生解決問題，而忽略面對問題與了解問題的基本性；常常主觀的將準備的教材，直接傳授給學生，忽略修課學生的心靈發展、深層需求及學習成效，大都不曾有過如何將學生與生俱來的好奇心帶出來，以融入教學的考量與設計。

　　評順前後花了八年的時間，用心思考原著的時空背景、台灣的在地文化，謹慎使用妥適的中文名詞來表達原意，並以深入淺出的方式來進行翻譯。無論是本文內涵或文字表達，這都是一本值得閱讀的好書。

　　相信此中譯本的問世，對於專業的小學低年級老師或是忙於事業且關心孩子成長受教的父母而言，都將發揮作用，幫助幼兒玩中學、學中玩，快樂的學習算術，健康而循序漸進地成長為和諧、快樂及善良的人。在此，也要鼓勵陷於終年忙碌、見

樹不見林的各行各業專精人士，能夠暫時放慢腳步，甚至停頓歇息，以平和的心來閱讀本書，相信一定會有意想不到的體會與收穫。

國立成功大學講座教授兼副校長

顏鴻森

2012年8月於台南市

（本文作者為國立成功大學現任副校長，
並曾任國立科學工藝博物館館長）

# 佘序　從根本再出發

今日一片撲朔迷離的經濟前景，加上全球化所推平的世界（Thomas Friedman於2005年的經典之作《世界是平的》所描繪的）、再加上造成跨代的職業競爭、再再加上剛出爐的台灣勞保將於民國116年破產等接踵而至的噩耗，悶吧！您會閱讀本書，我猜想您的年齡落在三十至四十歲這個區間，屬於勞保老年給付會泡湯的五十歲以下這個族群。我也猜想您若有兒女，可能正在就讀中學，您可能不僅要擔心自己領不領得到勞保年金，還得擔心下一代的未來在哪裡！不僅面對職場上各樣的競爭，還得擔心競爭力的基礎夠不夠堅實！

如果上網google「十二年國教」，會得到約9,060,000項結果，應該屬於當前最受關心的教育議題。面對這個從民國72年開始提出、歷經十二任教育部長才顛簸上路的政策，您若有去年（2011年）八月入學國一的兒女，在各方批判教改十年失敗之際，還對這個新政策存有多少信心？我是沒有信心的！話說我這個教改的受害者，近十年前教國中的兒子做數學作業，第二天兒子回來狐疑地問我：「你真的是大學教授嗎？」因為前一天教他的數學作業得了7分。您沒看錯，因為我兒子學的是建構式數學，而我教的不是建構式解法。

　　若把前兩段加總起來，我們的議題包括數學、教育、職涯、所得、競爭力和全球化。教育當然不能簡約為職業競爭力，教育還得關照人之所以為人的很多其他面向，而那些在競爭力底層的人格培養甚至比職場的技能更重要。根基的重要性在創新上也一覽無遺：台灣已做夠了那些不痛不癢的創新；我們需要大開大闔的激進式創新方能突圍。「激進式創新」這個詞的英文是radical innovation，而radical在拉丁文原意有「回到根本」（back to basics）的意涵。當我們要解目前錯綜複雜的問題時，若不回到根本、探索底層，往往找不到真正的答案。所以我們的教育只能培養出讓自己沾沾自喜的「小確幸」，至終面臨被淘汰的命運。

　　有幸結識評順兄在他當年還任職於精密機械研發中心之際，評順兄是一位充滿傻勁（當然背後源自於熱情的驅動）的工程師。評順兄來找我寫序，用我這顆功利的頭腦實在想不透他為何要翻譯此書，翻譯了居然還要付梓。閱讀此書對升學究有何助益？完全不合經濟效益！不過，話說回來，要解目前台灣的諸般困境，或許就該回到根本，還許多人生（包括其中的學習）原本的面貌，少計較一點功利的效用！謹為文推薦之。

國立暨南國際大學國際企業學系教授

佘日新

（本文作者為國立暨南大學前任管理學院院長）

# 陳序　為社會與企業的未來人才
留住創造力的火苗

**當**我受譯者評順邀約要為這本書寫序言時，我懷著欣然與謹慎的心情來看這本有關兒童算術學習的書。欣然的心情乃是對譯者的多年認識，其謙懷的學習精神，多元與創新的專業態度，對理想的執著與熱情，令人十分感佩；謹慎的態度是因為在企業工作超過二十年，擔任過多年主管，每天所面對的都是快速的節奏與不斷的會議和旅行，腦海中所充滿的都是專業發展邏輯與策略效能思考，已經多年未接觸兒童教育的相關書籍。及至近年開始在企業裡擔任經理人培訓教練與顧問，才開始更多地探討學習機制與體驗教育，再加上在美國哥倫比亞大學教育學院進修學習心理學，才真正開啟對教育與學習的認識與實務經驗。

　　我自己也是理工背景，對數學的學習並不陌生，但是學習數學的記憶大多在於考試壓力、升學競爭，並夾雜來自家長、老師與同儕的壓力，少有「好玩」的回憶與樂趣。《玩，也能學好數學》一書卻顛覆了我對學習數學的刻板印象。作者針對小學一到三年級剛開始學數學的孩子，提供有效的學習意義與學習方法。結合了兒童學習心理學、體驗式學習法、創新學習

法，並加入繪畫與遊戲等多元思考，創造出兒童數學學習的全新體驗與視野，建立兒童真實理解與意義連結的記憶，非常專業與獨特。書中有多處的文字令我有深度的感悟與啟發，謹摘錄幾處供讀者參考：

「遊戲與數學是密不可分的。它們互相伴隨，卻以非常不同的型態展現，正如同一個家庭的孩童與長者，在相遇時——互有關聯卻各自朝著自己所屬的方向。」（p. 199）

「究竟是生命的哪個部分，能對感官印象有如此敏銳的感應，使我們有辦法將之再度喚起？從孩子們的生活情況我們可以很清楚地看出，人類記憶的能力與我們肢體的活動和生活中的情緒有著絕對的關係，而這又與節奏的過程息息相關。」（p. 195）

「全班其他人也興致勃勃地觀看遊戲的進行，所學到的也遠比我們所能想像的還多。隨後要讓每個人都有機會親自走走看，而孩子們的算術能力便可藉此被延伸發展到極致。」（p. 112）

讀完全書，覺得真是開了眼界！如果早年學生時代就有如此的學習方法與啟發，相信學習數學就能有更多的樂趣與更高的

潛力發展。更進一步來說，如果這二十年來我所遇過的企業主管，小時候都是以這種方式來學習數學，那麼他們所累積的自信、創造力、團隊整合力以及因之而為企業所帶來的價值，又不知會比現在高出多少倍！

《玩，也能學好數學》開啟了兒童數學教學與創新學習的新頁，帶入細緻學習與人性化學習的歷程，是一本值得所有教師、家長與教育愛好者參考的好書。值此書即將付梓之際，鄭重推薦。

卓越領導力學院執行長

陳建宏

（本文作者為美國紐約哥倫比亞大學國際認證教練（CCCP），美國國際領導力協會、美國企業心理學院會員。現為企業高階主管教練，在大中華區專職於500大企業領導力輔導培訓與顧問。）

# 游序　全人取向的動態化數學教學

「**如**何引導學生有效學習數學」一直是教育人員和家長共同關注的議題，也是教育學者長期以來的研究焦點。我們總希望能透過適切的引導，協助學生有效學習數學並樂在數學。換句話說，教師和家長均期望學生能掌握數學的概念與方法、維持數學探究的興趣與動機，並能應用所習得的知能解決日常生活中所面對的非例行性問題。但是在教育實務上往往發現，學生對於數學的興趣有隨年級升高而降低的現象，甚至有些學生放棄數學。另外也有相當比例的學生認為數學與個人的生活無關。這些現象讓數學教育工作者引以為憂，並致力於開發不同的學習活動、探討不同的教學方案以協助改善前述的問題。

對於學生數學學習問題的改善，一方面需從學生數學學習心理與發展、數學課程與教學等方面進行探究，在學習內容的安排與教學方法等面向加以調整；另一方面則需回歸對「學習」、「學習者」本質的省思。基於在國小師資培育機構長時間服務的教育實務經驗，個人深信教育工作者不但需要具備良好的方法策略，以有效地引導學生學習，更需要有哲學思想為

方針，時時省思教育的方向與作為。個人在十多年前因機緣接觸華德福教育，透過閱讀華德福教育相關專書與論文、參與華德福學校的教師團活動、與華德福學校教師對談、從事華德福數學教育課程與學生學習等相關活動，對此更有深刻的體會。

在平常，大家對於「教育應該循序漸進、按部就班，不可揠苗助長」之類的理念或許多能朗朗上口，不過當碰到數學教學的議題時，則往往又展現了強烈的成人中心導向，透過成人系統的指導、嚴格的要求，加上適切的練習，期待學生在很短的時間便展現出數學學習的成果。數學的課堂因而變得嚴肅而缺少趣味，活動變得單一孤立而缺少多元整合，學生變得被動的吸收而缺乏主動的探究。華德福教育從有機體生命發展的觀點，藉由植物成長由發芽生根、開枝散葉、長果結實的隱喻，思考不同生命階段中教育的重點與做法。面對不同成長階段的學習者，在教育上掌握該階段的重要發展任務，提供適合需求的養料，以協助個體得到最適切的發展。華德福學校中的數學活動也是基於此理念加以規劃與設計，Henning Andersen這本書的內容正是此理念的具體展現。

再者，華德福教育基於Rudolf Steiner的人智學理論，以培育人成為全人為教育目標，追求個體之身體、心靈、精神的和諧發展。基於前述理念，華德福學校的教學強調意志（willing）、情感（feeling）和思考（thinking）三方面的平衡與全面發展。

數學在華德福教育中不只是一門科學，更是發展整合的人所不可或缺的靈性活動。數學對於發展個體意志、引導個體感受，進而導向自我發展具有重要的功能。因此數學的活動以動態化、多感官、多類型的方式進行，融入遊戲、歌唱、故事（包含人類文化發展之故事）、手工、優律思美（韻律活動）、形線畫等活動之中。整合數學、文化史、律動、藝術的活動型態，展現了教育的另一種形式。

由於本書主要是針對幼兒及國小低年級階段有關「數」的學習而設計，而華德福學校將低年級的學習重點定位在透過遊戲、肢動的節奏活動等以強化學生對自己身體的覺識與控制（意志開展的活動），並在自在快樂的氛圍中開展學生的學習動機與情感。本書乃是華德福教育理念的具體展現，書中除了教育問題與理念的闡述（前三章），更提供各種動態遊戲與規律節奏的實踐體驗，體現在動態活動中導引學生學習的智巧設計。對想要認識華德福教育或華德福學校中數學學習活動的家長或教育工作者，本書是一本很好的參考書籍。對於想要讓數學學習變得更生動活潑、更有趣味的教育人員，本書也是絕佳的指引。

本書最早出版於丹麥，後來被翻譯成不同的語文。個人於多年前有幸閱讀由Archie Duncanson和Verner Pedersen翻譯的英文版，對於書中的內容印象深刻。個人在參與國小數學教學輔

導活動時也常分享書中所建議的多元化統整活動。現今十分樂見由張評順先生將此書譯為中文出版，本書的出版將可嘉惠更多國內的讀者。透過書中理念與做法的分享，當可導引我們重思數學教學的一般做法，開展更有趣、更有意義的數學學習活動，這將是學子之福。

國立台中教育大學教育學系

游自達

2013年2月1日

## 楊序　要學就要動——
在遊戲中為孩子跟數學搭起學習的橋樑

我是一個小學教師，二十八年前初任教師時就一直思考：如何讓我的學生在學習後概念能夠更穩固、學習興趣更積極、成果更有效率？當時坊間能夠解答我疑問的書籍不多，因此我自己設計出一套創造思考教學方法，帶著我的學生學習語文與數學。很高興能在此時經由譯者翻譯看到這本書，一本不同於所謂數學教材教法的書籍——《玩，也能學好數學：以遊戲開啟孩子的數學天賦》。

中國人常說：「勤有功，戲無益」，尤其許多嚴肅看待自己教學的老師更覺得把時間花在玩遊戲與建構思考教學，將顯得非常「沒有效率」；家長們可能反應更大，因為許多人認為重複演練與計算加上背公式才是數學的王道，玩遊戲能學到重要概念嗎？有這種想法的讀者可以在閱讀本書時摒棄成見，讓自己自由的馳騁在作者想要表達的數學遊戲中，跟著孩子圍起圓圈、拉著繩子數數字，體驗身體的動作和節奏跟數字的親密關係；跟著作者的引導體會原來數字也有所謂的「完美數」，小朋友也可以成為「數字小精靈」；最後您也將發現倍數表可以不用背誦九九乘法表，只要畫圖就可以練習與體驗。

我非常贊同譯者在導讀中以「一顆種子」長成「一棵大樹」來說明孩子的心智發展，並強調適質、適量、適時給予養分的重要。在所有學習過程中我們帶給孩子的一切（包括知識與情意），都將成為他的成長所需，我們注入的是養分或是荼害，關乎未來孩子的學習是否健康與穩固，身為父母與教師的我們，怎能不特別小心留意？個體有個別差異，因而學習過程也必須依著他們的特質、需要，適時給予協助與拉拔，即使超級理性與邏輯思考的數學亦復如此。

　　數學，一直是學校教育中，除了語文學習之外的重要科目與課題。許多父母非常在意孩子的數學成績，老師也非常重視課堂上的數學教學成效，因此，當學習落後需要加強補教教學時，數學常常成為主要內容。如果我們能夠事先預防，在孩子學習之初，就給他們確實達到學習成效又有趣的數學學習方法，應該比事後補強更有效，這也是我極力推薦本書的目的。

　　數學始於生活，也應該用於生活，更需要在生活中學習。生活經驗中孩子最容易也最接近的就是身體的活動與韻律，因此不管任何學習都不應捨近求遠，望高點而忘低處那源源不絕的資源。相信許多老師與父母從小也是接受順理成章的數學教學方法一路學習過來的，如果數學跟生活如此緊密相連，為何我們絲毫無法感受到這樣的關係與樂趣？甚至許多人談數學很可能有拒絕、討厭或恐懼的心理，原來以往我們的學習被邏輯約束，也與單刀直入的導入數學概念有關係。這本書《玩，也能

學好數學》排除枯燥的計算過程與理解方法，而是把數學基礎概念（數字、本質數、基數、倍數等）與孩子的肢體動作和律動做結合，探索知其所以然的理解過程。書中圖文並列，可以為我們的疑問做某些解答，也可以為我們制約式的教學與課程設計做某些鬆綁，更為孩子未來的智能學習奠定情意與技能的基礎。閱讀本書之前，建議大家可以先從譯者導讀以及作者序開始閱讀，因為教育理念與概念的接受必須從改變想法開始，這兩篇的內容有助於我們先改變自己固著的傳統數學概念，而願意徹底拋棄以往的教法，自然的融入作者的教法與想法之中。

不管作者或譯者都對本書的基礎論點與概念──華德福（Waldorf）教育非常熟悉，接觸也極其深入，無論讀者對華德福教育了解或不了解，閱讀本書都將對我們有所助益。熟知的讀者將更清楚作者所要帶給我們的數學教學跟肢體活動學習的意涵；不熟悉的讀者正好透過這樣的機緣粗淺了解華德福教育，並以有別於以往的概念與教學方法，給我們的學童一些耳目一新的學習，同時更可以在現有的教學技巧中，藉由些許的技術改變，就能讓孩子的數學理念學得更有趣、更接近他們的認知基礎與學習本能。

譯者張評順先生的姊姊服務於本校，是一位熱心又有服務熱忱的英文專任老師，我從姊姊口中得知評順兄花了許多心思與時間翻譯此書，也很希望把這樣一份好的數學教育理念與實務

跟讀者分享，因而有幸能先拜讀這本書。我慢慢的咀嚼了數個月，一方面透過此書與來自丹麥的作者Henning Andersen先生做許多教育哲學與教學的交流，深深受到感動，也為自己近三十年來的教學做了回顧與檢視，頗有相見恨晚之憾。這樣的感覺與體悟需要閱讀本書的讀者親自行動才能有所開啟，因此，我非常推薦家有學前與國小學童的家長，或是正在教學現場的教師們翻閱此書，相信前述的感覺與教學方法的轉變，一定也能傳遞給您，而受用最多的將是我們最珍貴與重視的學童。祝福大家在數學的教與學過程中，都能透過這本書的出版發行，重新找到著力點，並得到前所未有的樂趣與收穫。

台中市信義國小校長

楊琇玲

# 張序　遠離數學的夢魘

多年以來常常做一個夢：我會置身於不同數學考試的時候和場景，夢境的結果都是一樣的感覺：答不出來的恐慌。

常常驚醒過來感嘆：我都成為老師了，這種夢魘仍然如影隨身，久久不去。

成為老師多年之後做過一個很誇張的夢：回到高中的數學畢業考，我連一題都不會，焦慮到要發瘋，甚至想偷看隔壁同學的答案，這對有道德潔癖的我而言是不可思議的行為。我鼓起勇氣正要偷看，一轉頭正看見教務主任就在窗口瞪著我，我就這樣嚇醒，醒時冒著一身冷汗，我對自己說：「宜玲，妳已經是老師了，不用再考數學了，醒醒吧。」

可憐的是，透過不斷的自我對話和深沉內言，這樣的恐懼感雖有改善，但在身心有壓力時仍會再度出現；可喜的是，在接觸華德福教育之後，甚至在實踐的現場實作後，這種數學的夢魘才逐漸消退。我知道很多朋友都和我有一樣的數學夢魘和揮之不去的恐懼感。

本書譯者評順是我台中華德福教育基礎課程的同學，記憶中的他，為了自己小孩的教育，重新當小孩來上學，他的認真好學好問和好奇著實讓人感動，尤其是他蒐集很多童年玩過並

快消失的童玩來跟同學研究各種玩法，當時我也跟著他玩得不亦樂乎，玩著玩著他忽然問：「華德福教育的數學課程也可以這樣玩嗎？」「當然，這是華德福教育的特色之一，『寓教於樂』，永遠是華德福教育的核心精神。」我不經意的回答。沒想到，多年後他翻譯了這本數學的書，親自證明了華德福數學活動遊戲化的精神。當我看到他一改再改、一校再校之後的譯稿，他的嚴謹態度，再度喚醒我對他的記憶：非常認真地玩的學習態度。

評順在譯者導讀開宗明義地揭露，他認為數學應該給孩子成長的養分；而身為師長的我們需預備的是可以攀爬數學奧祕的梯子。

本書的作者Henning Andersen是華德福的資深老師，他也在序文中開門見山的道出本書的書寫動機：

「是探索那些能透過肢體動作來發展算術教學的部分，而這正是能滿足孩子需求的部分——做每件事情時要去體驗心靈的質素」。

這對恐懼數學的人而言，的確是如作者所言：野心太大。換句話說，作者想藉本書證明他的教學經驗所設計的數學活動，確確實實可以數學活動化，活動遊戲化，不僅如此，他要實踐「孩子需要活動與體驗」的洞見。

事實證明，他做到了，並且提供現場老師具體的做法，以及為什麼這麼做的看法。

Steiner在《人學》（*The Study of Man*）一書中指出：一個冷的想法（cold idea）可能變成盲信的來源；而一個經過一段時間的轉化，經由創造過程的滋潤，而形成的溫暖的想法（warm idea），將使接受者得以在其上不斷拓展、添加，並將它融入自己心靈領域內，使這個想法能夠繼續生長。

站在一個老師的立場，我們不能輕忽將活的想法帶給學生的重要性。冷而抽象的想法將像石頭一樣沉坐於學生的心裡；溫暖而活的想法將會在未來的歲月中，陪伴學生的心靈成長、了解事物。這是為什麼作者認同華德福教育強調：「做每件事情時要去體驗心靈的質素」。換句話說，在小學階段，我們的教學，情感要擺中間。

本書的數學設計充滿好玩的遊戲活動，透過韻律節奏的活動讓全身的感官動作的參與，孩子的心肺活活潑潑的跳動，這時情感就被引發，熱情就被點燃，那麼內化的歷程就自動啟動它自己的學習歷程。

如果我們的小孩都能在遊戲中學習數學，如果我們的大人都能提供數學的養分和攀爬的學習之梯，如果我們的引導都能「搏」情感，那麼我們的孩子將永遠遠離數學的夢魇。

在此深深地感謝本書的所有貢獻。

海聲華德福學校校長

張宜玲

# 林序　因為　他是天使

有一天，我的外孫女、女兒和我坐在一起。我的外孫女五歲九個月，突然間，她問我：「阿嬤，數數可以一直數一直數，數到千千百萬萬嗎？」她很喜歡數數，常常玩著玩著就唱起數來。三、四個月前，她可以唱數到199，之後就變成200，然後跳到300、400……1000。我的身分不只是外孫女的阿嬤，也是華德福學校教師；身為華德福教師，我很有興趣地聽她有節奏地數數，我很小心不去填補她遺漏的那麼多個100裡面的內容，像：201、202、203……，因為她是個幼兒，我必須尊重她的內在發展。我不填塞她知識；但我得回應她問的問題，我說：「可以啊，妳可以一直數一直數，數都數不完；妳可以數到很大、很大，大到無限大！」說出這樣一個「無限大」的數學專業術語，我內心裡有一些警醒。但她的眼睛立刻變得閃亮起來，她說：「那我要把他抓下來、拉下來，我要把他踩在地上，把他踩扁！把他切切切……」

「妹妹，妳不能這麼暴力！而且妳也踩不到他，他是隱形的。」孩子的媽在一旁修正她。

「為什麼？為什麼他是隱形的？我要把他抓下來、拉下來、踩在地上，把他切切切……切成很小、很小；我可以把他切切

切，切成很小很小很小嗎？」外孫女又問。

「可以，妳可以永遠永遠一直一直切下去，切到很小很小很小，小到無限小⋯⋯」這回的「無限小」專業術語是她媽媽說的，不是我！

「為什麼？為什麼可以切到很小很小？為什麼他是隱形的？」

「因為他是天使，他可以變成很大、很大、無限大；也可以變成很小很小，無限小。」孩子的媽說。

「為什麼？我要把他抓下來、拉下來、踩在地上，把他切切切⋯⋯切成很小、很小、很小⋯⋯」

孩子的媽說：「妹妹，妳不能這麼暴力，為什麼妳要這麼暴力呢？妳太暴力了！」

「因為我想了解他呀！」

「想了解他也不能這麼暴力啊⋯⋯」


這是一段令我震撼的對話，速度非常快，在我還沒來得及釐清孩子的意識在哪裡前，對話就結束了。這段話讓我思索了好一陣子，這段話觸動了我許多聯想。首先，我看見了一個幼兒正在建構「數」的感覺，她想「感覺」數是什麼，她想探究「數」到底是誰，有什麼特質、內涵，數如何運動⋯⋯等。接著，令我震撼的，她竟然想以「巨大的力氣」處理「數」。外孫女，大班的年紀，最近常有一些過去從未出現過的攻擊性行

為，例如：在這段談話前，我的女兒因為走不開，要我幫她去幼兒園接外孫女放學。所以，到了幼兒園，我坐在外孫女教室外的椅子上等待，外孫女看見了我，遲疑了一下，外孫女和我並不住在一起，我們彼此並不是非常熟悉；她知道我要來接她，但她不見得歡喜。遲疑一下之後，她拿起便當袋一路向著我甩過來。剎那間，便當袋打到了我，我哀叫了一聲，我以為她會在甩到我之前停住的！當發現肇事了之後，她有點緊張，不知如何應對，幾乎要哭了。事過境遷，我問她：「所以，妳剛剛拿便當袋甩阿嬤，是為了了解阿嬤嗎？」「是！」此外，幼兒園老師說她最近常踐踏、作弄花園裡的小蝸牛，追根究柢，也是想要了解蝸牛。為了了解「數」而想要抓、拉、踩、切「數」的這段對話，最重要的，還教會了我一件事：當孩子們想認識一件新事物時，他們不是安靜地坐下來思考，安靜思考是大人的模式！孩子會衝動得想跳出自己、走出自己，走入事物，深深地進入、滲透它，因此，他會想透過各種動態活動，盡可能的以各種方法身體力行，只為深入探索事物的真實本相。

小學低年級兒童（我的外孫女接近上小學的年齡了），在發展與需求上，特別喜歡具體的，能摸摸看、試試看、玩玩看的物件及活潑的肢體活動經驗。為了理解世界，依兒童本質發展，他們就是如此需要透過活動過程摸索和嘗試，而非靜態地吸收抽象的思想、知識或概念。而且，只有當兒童累積了足夠

的實務活動經驗之後，他才能真實而自然地理解並進入抽象的概念化的思想世界。如果教師或家長能理解兒童這樣的發展與需求，就一定會先放下一般的計算、解題的方法以及應用問題的技能學習，反而會先讓孩子單純而自然地玩數學、領略數學的樂趣；數學的學習歷程就有可能成為每一個人在童年生活經驗中最快樂、最美妙、最有意思、最難忘的一段回憶。

這是一本極好的書，尤其在低、中年級數學學習的階段。八、九年前，在我教低年級的時候發現了這本書，我常帶入這本書所提供的數學遊戲活動，不但內容清楚、易懂、好操作，使用起來非常愉快，總能收穫滿教室的歡笑與效能。我看到每個孩子都充滿意志，積極地參與，學習興趣高昂極了。從他們的表情，我知道他們心裡的感覺：「數學真的好好玩喔！」

本書作者Henning Andersen曾是一位資深的華德福教師，他在這本書中透過許多活動揭示數學的美善與真理，例如：他能從孩子喜愛的拍手、踏步、手足舞蹈、歌唱、遊戲、故事，及節奏性等活動引發孩子經驗數學，這些活動簡單而有趣，同時也在無形中轉化且昇華兒童想掌握數學的抓、拉、踩、切等衝動及攻擊本能，這些在在都令人有許多會心的領悟與感動！而書中的活動不只滿足了孩子對數學的愛好與發展需求，事實上，也啟發了親、師理解什麼是活的數學，因此能刺激大人活用數學活動的能力。想當年，我曾經希望所有老師們都能有機會體驗這本書的智慧並活用這本書，所以組了這本書的讀書

會。就這樣，2004年，張評順先生受邀參與了這個讀書會；在那之後，完全沒料到的，評順竟然也愛上了這本書，而且愛得比任何人都更深，而且付出更多，他另外又增組了讀書會，甚至還投入這本書的翻譯工作。其實，任何讀者，只要有機會閱讀這本書，很快就能理解為什麼有人會如此沉溺其中了，因為只要一讀，誰都會愛上這本書的。

台中市磊川華德福實驗教育機構創辦人

林玉珠

# 譯者序

小時候，師長常告誡我們要努力學習。如果成績達不到他們的期望，就會被抓去「開導」。但我發現，努力學習還不夠，要非常辛苦的努力，才能免於被「開導」的命運。

進入職場二十餘年，經歷許多實際工作的問題與困難，也一次又一次抽絲剝繭把問題釐清，並提出可行的解決方案。卻逐漸發現，每次克服困難所用到的能力，大多不是當年為了避免被「開導」所辛苦學來的，而是在遊戲、社團、休閒或日常生活中自然而然學會的。這讓我感到疑惑：過去的學習一定要這麼辛苦嗎？

2004年，磊川華德福學校的幼教師資培訓班結業當天，林校長玉珠把這本書介紹給我，並因我是理工背景而鼓勵我著手翻譯。雖然白天的工作很忙，晚上也要照顧孩子而時間非常有限，但我依然設法一點一滴維持翻譯的進度，因為我發現，自己愛上這本書了。它解答了我心中多年來的疑惑：只要能採用適當的方式，不僅可以達到「努力但不辛苦地」學習，還能奠定未來與社會順暢銜接的堅實基礎！

2004迄今九年的時間，猶如一趟豐富之旅，對自己從小

到大的學習歷程來個整體回顧。每當深夜以惺忪的雙眼遊走在本書字裡行間，並靈光乍現般地領悟某些觀念而感覺豁然開朗時，就常想起自己求學階段的種種情景，也常會跟著想，如果……

如果小時候就能以相同的方式來學習，現在的我會是什麼模樣？

如果我搖身變成現在的孩子，是否有機會能一開始就遇到這樣的學習方式？

如果有更多孩子一開始就遇到這樣的學習方式，社會是否能變得更不一樣？

至此，我要懇切邀請讀者們一起來發想：

如果本書所述的學習方式，真如寫序的前輩們和譯者本人所說，能將孩子的數學天賦引導出來，那麼，我們可以開始做些什麼，好讓下一代孩子的數學不要學得那麼辛苦？

張評順　謹誌

2013年3月

# 譯者導讀

**對**一般孩子（甚至成人）來說，算術與數學是頗為艱澀的科目。許多人小時候的算術成績或許尚能達到一般水準，但長大之後多半就「還給老師」了；還有為數不少的人，求學過程中無法突破某些障礙或瓶頸而被迫放棄，並無奈地自我調侃說自己「天生不是數學的料」。事實果真如此嗎？這些孩子長大之後只能將算術還給老師嗎？放棄數學的孩子真的不適合唸數學嗎？

這本書正是以不同的觀點來看待上述問題，它是寫給大人看的。當中主要的訴求是，孩子的心智成長與發展，必須經過某些特定的生命歷程，如同一顆種子從發芽、苗壯，到長成大樹並開花結果一樣，每個過程都需要特定的養分。如果錯過這些重要時機，一旦果實成熟，則不論事後再補充多少養分，也很難出現好的效果。然而，所謂「特定的養分」，必須考慮種子的特性，要適質、適量並適時。關於這點，農人不會搞錯，因為他們非常了解作物的特性與節氣變化的規律，知道何時該鬆土、澆水、施肥，以及所施肥料的種類。反觀算術教學，身為師長的我們，是否真正了解種子（孩子）的特性與需求呢？

我們是否知道孩子心智的發展過程也有一定的「節氣」要遵循呢？如果有許多人在長大之後就把算術與數學還給老師，那麼我們所安排的課程，對孩子的心智發展來說確實是養分嗎？如果是養分，那麼被種子吸收之後理應變成植物軀幹或果實的一部分，怎麼還會「還給老師」呢？而那些選擇放棄的孩子，究竟是因為他們「天生不是數學的料」，或者是因為身為師長的我們沒有在適當的「節氣」給予適當的養分，才使得孩子的數學心智遲遲無法長大呢？

　　這本書告訴我們，算術課程其實可以是孩子心智成長與發展的養分。只要依照符合孩子特性的方式來規劃並帶領課程，多數孩子都可以很自然地將算術融入他的生命當中，強化他的心智能力，無需還給老師，更不必一開始就選擇放棄。第一章首先指出幾項丹麥當代算術與數學教育上的問題，並點出一些思考方向來探索問題的核心；第二章說明人性的三個基本面向，分別為意志、情感與思想，並指出這是孩童心智成長與發展的必然順序，同時強調，若未依照這種順序來設計課程，則大人視為養分的算術教學，對孩子來說很可能就變成一種過度的要求；第三章從數學發展史的某些例子來闡述數學與人性的關聯，並且歸結出，數字的本質與人性的本質是密切相關的，此種密切的關聯性正好可以讓我們把幼童的算術教育和每天的遊戲活動互相結合，達到良好的學習效果；第四章配合孩子在肢體活動中的行進節奏，讓孩子數出對應的拍子，因而帶進了

數字的「順序特性」,並從中發展出「數線」與「十進位系統」;第五章以數字的順序特性為基礎,結合樂曲的節奏,導入「倍數」的觀念,從中並可體會出「奇數」與「偶數」的差異;第六章探索不同倍數之間的關係,並逐漸引導出「公倍數」的觀念,這也是往後分數運算時的「公分母」觀念;第七章則以數線和倍數為基礎,讓孩子將數字的節奏特性從聽覺延伸到視覺,同時也開始引導孩子發展「估測」的能力,這種能力與繪圖又是息息相關的;一直到第八章,作者才開始談論抽象的「數量」,也就是數字的「計算特性」,但即便如此,作者仍是以肢體活動的方式來讓孩子體會數量;從第三章開始到第八章,作者舉出許多有用的課程實例,都是孩子會喜歡的遊戲與活動,以幫助讀者了解書中的各項論述,也提供老師們作為學齡前到小學中年級算術課程的規劃參考;本書最後的第九章,又再次回到人性的本質,探討記憶、遊戲與數學的關係,了解人類記憶的運作方式之後,就更能掌握算術與數學教學課程所須遵循的原則。

看完全書,讀者應該會發現,許多我們習以為常但搞不清楚的數學用詞,其間的關聯竟是如此簡單,卻又如此緊密;同時也應該能慢慢理解,目前許多算術課程的設計,是跳過第三章至第七章的重要過程,直接要求孩子進入第八章,用他尚未具備抽象思考能力的小腦袋,去運算最難理解的數字特性,也就是抽象的「數量」特性。這使得孩子在面對許多數學用詞時,

根本尚未做好準備，因而很難體會當中的奇妙關聯，也就很難跟上老師上課的步調。如此又怎能培養孩子對算術與數學的信心和興趣呢？這就好像要爬上一堵高達一米半的牆壁一樣，大人只要手腳並用，爬上去並不困難；但對於低年級的孩子來說，如果師長不準備梯子，多數孩子是很難爬上這堵高牆的。結果會是什麼呢？可能有些孩子天賦較高，費點力就能爬上去；有些孩子天賦稍差，但在師長的鼓勵、鞭策，甚至威脅之下，很辛苦地爬上去了；至於天賦更差的孩子，則不論師長採取何種方式，就是無法在沒有梯子的情況下爬上這堵高牆，最後只能站在原地不動，絕望地不願再做出任何努力！

所以說，適當的梯子（就是課程的設計），對於算術與數學的學習是非常重要的。然而，唯有真正了解孩子在每個成長階段的不同發展需求，才能據以規劃出每個階段的適當梯子，讓稚嫩的孩子能夠一步步攀爬上去，從而一步步走進算術與數學的美麗殿堂。讀者可以從書中的範例看出作者設計梯子的用心程度，能夠在幾乎不提起任何術語的情況之下，藉著肢體活動讓孩子深刻體驗到連大人都感到困難的數學概念，例如「乘方」、「對數」、「極限」等；這些在高中與大學數學裡會一再用到的重要概念，竟然可以用適當的課程設計在小學低年級的算術教育中就打下堅實的基礎！這也是本書想傳遞給讀者的重要訊息：

只要根據孩子不同階段的特性找出合適的梯子，多數孩子便能爬上這堵高牆，不用在一開始就因爬不上去而放棄算術與數學這種會影響個人一生發展的重要能力，也不用在爬上之後因擔心跌下來而匆匆回到地面（還給老師），因為，每當孩子穩固地踏上一個階梯時，其數學心智就會同步跟著成長，等到爬上高牆之後，他也長得夠大了，再也無需擔心會從牆上摔下來。

　　本書一開頭的某些論點並不是很容易理解，尤其原作者是丹麥人，在前幾章逐漸導引出一般讀者較不熟悉的「數字本質」時，所舉的例子又是西方人才熟悉的時代背景與文學作品，所以中文讀者在閱讀前三章時可能會覺得比較吃力與乏味。但是了解前三章對全書的理解是有幫助的，建議讀者在讀到後面章節時，能再次回頭看看前三章，有些觀念就可以慢慢理解。

　　本書的理論基礎，是源自華德福教育創辦人魯道夫・施泰納（Rudolf Steiner）所建立的「人智哲學」（anthroposophy）。換句話說，若能夠花些時間去了解「人智哲學」，便能更深刻體會本書前三章所談「孩子每個階段的特性需求」，也就更能據以規劃每一階段合適的梯子。有興趣的讀者可以輸入這幾個關鍵字來搜尋相關網站，以取得更多深入的資訊。

張評順　謹誌

2013年3月

# CHAPTER 1 引言——談談孩子的算術教學

　　有點年紀的讀者應該會記得，以前上學的時候，每天至少得從書包裡拿出一本無聊至極的教科書來做一些艱澀的功課。書中從第一頁到最後一頁都塞滿了數字，並且依整年進度把課程分為：第一課、第二課、第三課等等。每一課也毫無例外地分成口頭練習和書面練習，而這些又分成數字練習與應用問題。每一課還包含了倍數表（multiplication table）[1]、加法練習，再來或許是一長篇幅的減法，以及隨後的乘法與除法練習。

　　課堂上會有個老師，他（她）的任務是要在年度結束前把課本教完，這使得老師不太有時間能採取啟發式的教學。

　　作者還記得自己的老師是這個樣子的：

　　他手裡拿著課本走進教室，然後立刻走到黑板前，拿起粉筆在黑板的中央寫了一個數字7。接著目光掃過他的30個學生（這麼做的目的是確定他們都能理解今天的課程是關於7的乘法

---

[1] 譯註：或者稱為「乘法表」。

練習）。然後他在7的前面寫上一個乘號，並在乘號前寫了個括弧，最後則在括弧內任意寫了些數字。所有寫黑板的動作他都用右手來完成，而寫的時候，也同時面對著班級。

撇開衣服和眼鏡不說，他轉頭的樣子真有點像是埃及的雕像。班上大約三分之一的同學會被叫來做乘法測驗：$4 \times 7 = 28$，$9 \times 7 = 63$，$1 \times 7 = 7$等，測驗的成效也很好。每位學生一週要被測驗好幾次。

我們喜歡這個老師，但也有點怕他並且想要討好他。他的教學方式並不令人振奮（當時的教學也沒打算這麼做），但是當我們了解他之後便開始喜歡他。無疑地，他一直夢想能有不一樣的算術教科書，但他每天還是得回到現實，面對學校所僅能提供給他的——課本。

每次上完課我們都感到疲憊又僵硬，並且會在走出教室的同時一邊伸展四肢。在課堂上我們僅有的運動就是站起來做口頭乘法練習。數學課本的內容只要求我們在心理層面的活動，既不鼓勵肢體動作，也未包含任何可能引發興趣的圖片，就和電話簿一樣的死硬。

之後的情況已有所不同。現代數學的導入，以及對創意性主題的關注已經改變了算術教學的特性。將作者兒時的算術課本與60年代的課本做一比較，便可看出這種新的情勢。60年代的課本有各式各樣的圖片與色彩。應用問題會利用各種方式來增強學習效果，例如把卡車內的沙子倒到圓形和方形的箱子中，

當然課程中活動的成分也增加了。

60年代課程規劃的重心，正是活動與體驗。

「在每一階段，都必須確保我們是在了解『孩子需要活動與體驗』的洞見之下來檢視課程的安排。學校的任務必須始終是──在傳授基礎知識的同時去發展孩童基本人類的能力與天賦，並且要喚醒他們真實地了解日常生活中的問題。」

「學校的目標，是要讓孩子具備進入社會與職場的合格條件，使其做好充分的準備，以順應社會對他們的合理期待。然而，學校首要的任務，卻是促進能讓孩子成長為和諧、快樂與良善人類的種種機會。」

以上二段引述是從1960年丹麥所謂的「藍皮書」──《丹麥學校教育指引》（*Educational Guidelines for the Danish School*）中所摘錄出來。若將早先的[2]丹麥學校法案的用字和當時所說的[3]教育目標做一比較，可發現第二段引述中所謂「首要的」具有歷史發展上的趣味性。先前法案所提之教育「首要

---

[2] 譯註：是指1960年代以前的藍皮書內容，前文當中並未引用出來。

[3] 譯註：亦即以上二段引述自1960年代藍皮書的內容。

的」目標是保證基礎知識的傳授，但是現在「首要的」目標，則是指向人類存在層面中之完全不同的面向。

這點很有趣而且令人振奮！

同樣的，在檢視同一份藍皮書中算術與數學章節的目標時，也是挺有意思的。其所說的目標是「對學生傳授算術的知識與技巧，並使之演練這些技巧以面對走出校門後家庭、社會與職場上的需求，同時培養學生在幾何與算術基本規則和方法上的自信心」。

若說前言中所述的「首要的」理想在算術教學的章節中已經蕩然無存，似乎有點言過其實。但若說此一理想是受到傳統思維模式的影響而有所削減，卻是不爭的事實。

這種情況正如同我們每次被迫面對新事物時一樣。就智能上我們知道該做些什麼。從過去與班上孩子在一起的經驗，我們確信，事情必須有所改變。但我們並未採取必要的實務技巧來搭配概念上與情感上的認同。這種情況正如易卜生在其*Per Gynt*戲劇中的描述一般[4]。劇中主角隔著一段距離觀看年輕的伐木工人為了逃避兵役而以斧頭斷手的情景：

> 「是啊，想著要、意圖要，並且決心要這麼做。
>
> 但是採取行動！不，我不知道。」[5]

---

[4] 譯註：易卜生（Henrik Ibsen, 1828-1906），挪威劇作家，根據挪威童話故事Per Gynt寫出的戲劇*Peer Gynt*，是挪威最常被演出的戲劇。

執行本身是困難的。我們善於勾勒理想，也很懂得道德勸說。但要我們真的去展現這些德行時，卻又經常做不到。實現低年級算術教學也有相同的狀況。

我們能做些什麼來創造算術課的活動與體驗呢？

答案當然不應該是從那些與算術沒有實質關聯的領域中，去借用一些刺激性的主題與元素來進行活動與體驗。但是，我們卻經常會反其道而行。例如，下面這類題目當然會讓孩子們覺得做起來很有趣：

---

5 譯註：這段文字的原文是

"Yes, think it, wish it, and will it, too.

But do it!  No, I do not understand."

本章在這段文字前後的幾段闡述並不好懂，我們也很難從文字中的隱喻來與作者對丹麥教育藍皮書的評論做呼應。因此譯者特別做了以下說明，以方便讀者理解。

作者比較了丹麥1960年代前後的丹麥「藍皮書」──《丹麥學校教育指引》，發現1960年代之前的重點在於知識的傳授，1960年代以後重點則在培養孩子成為一個「和諧、快樂與良善」的人，於是作者感到非常振奮，因為整個丹麥的教育指引已經從「重視知識」進化為「重視人」的面向。

然而，當作者細查同屬1960年代藍皮書的算術與數學章節的目標時，卻發現同一份「藍皮書」雖然已經進化為「重視人」的面向，但算術與數學的教學重點卻仍停留在「知識」的傳授。因此，作者才會引用Henrik Ibsen的作品來說明這種現象。也就是說，想的跟實際上做的仍有很大的差距。

在本章後續的內容中，作者也是以這種思維繼續對60年代算術課本中「活動與體驗」的課程設計做了一些批判。

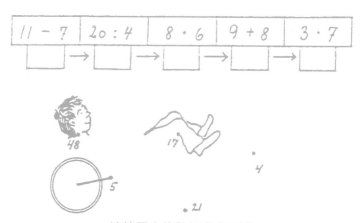

連接圖中的點並完成運算

　　然而此處的問題在於，這種教學設計是否經過完善的考慮？我們呈現給孩子的，是與算術毫不相干的圖形（通常是動物學的領域）。這種設計與呈現，其實只能強化一個事實：算術本身一點都不有趣。我們之所以借重馬兒和大象的幫忙，是因為我們尚未找出本身就蘊含孩子學習動機的途徑──一種本質上能與孩子的天性完全調和的途徑。

　　不僅如此，其他方面也有一些不妙的情況。算術課本中所畫的這些四足生物通常都長得很奇怪，而我們為了引發孩子學習興趣所採用的華麗彩色蝴蝶也實在沒什麼美感。這些當然不會被誤認為是其他動物，但因孩子藝術知覺能力之高經常會被大人所忽略，是以這種「胡蘿蔔方法」[6]只會對孩子的感受產生毀壞性的效果。仔細研究這些算術課本的內容，我們就會發現，

許多書本都把我們要傳達給孩子關於人的形象給扭曲了。例如，為了講授奇數和偶數的差異或其他數學關係時，我們可能會要求孩子把不同形狀的帽子（圓錐體、四面體、球形、圓柱等）與其相應的頭形配對。成人或許覺得這種漫畫方式很有意思，但孩子可能會疑惑，大人為何濫用紙張和油墨。此外，人類的器官也不是由此種單純的幾何外形所構成，幾何學也全然被誤用了。

算術教學所需考慮的基本問題與其他科目的教學是一樣的：課程如何與孩子的天性相關聯？特定年齡層的需求究竟為何？從前述「藍皮書」中的算術章節，我們不能說這個問題遭到了忽視，但對於算術這門學科而言，情勢顯然仍與過去一樣，從來就沒有改變過。現實面已經壓倒性地占據了主流的位置——就是那些與成人社會中職業和技能相關的現實面。就某方面看來，這是可以理解的，因為我們最難從算術和數學這兩個科目看出其與孩子世界的關聯性，而當中我們最容易犯的錯誤，就是把孩子當做是成人的縮小版。

但是，如果我們能拋開成人面對數學的慣常性思維，而開始以人性的面向來審視，並了解到算術與數學中也具備了這些面向，情況便能有所改觀。

---

6 譯註：是指借用奇怪動物圖案來吸引孩子目光的方法，但作者認為這種做法是有害的。

# CHAPTER 2 人性的三個面向

在教育界裡，大家關注的議題曾經圍繞在「調劑性課程」的必要性，目前這種情形已經不復存在。「調劑性課程」隱含的意思是，孩子必須擁有一些課程來「調劑」，使孩子在其他科目的疲勞轟炸之後，得以恢復精神與活力——他們需要從實際的工作壓力中獲得喘息。

然而，現在已經不這麼想了，大家現在更關注的是，哪些課程才能引發我們內在的創造力。過去認為，藝術課程可以兩者兼顧，包括「學科性」和「調劑性」。起初這些調劑性課程是安排在正式課堂後的休息時間；接著它們就成了正式課程的一部分，因為當時已經能夠從不同的角度來看待課堂的活動了，同時大家也逐漸認清，藝術是屬於孩子整體世界中不可分離的一部分。

這兩派學說道出了我們對於「孩子的需求」與「學校的任務」兩項觀點的發展情形。所幸，在一般狀況下，孩子並不需要所謂的調劑。所有健康孩子的家長，都能從許多經驗當中

（通常是痛苦的經驗）學到這些。

　　孩子所需要的，反而是在學校裡所做的每一件事時都能展現他們的創造性。而我們之所以需要特別去安排某些所謂的「創造性課程」，是因為原有的課程安排本身就缺乏創造性，這樣的學習安排是會導致疲乏的。

　　正因有了前述這些認知，丹麥「藍皮書」才會引用「和諧、快樂與良善人類」來描繪教育期望能為孩子所帶來的內在。我們大可質疑這段引述裡形容詞[1]的真實性。但是如果先不去管這些用語，而將藍皮書中的兩段話合併起來，或許就可以找到教育的本質：「學校的首要任務，就是透過活動與體驗，來鼓勵每一個成長的機會[2]。」

　　以這種方式來作為教育指引，我們才能觸及所有基礎教育的核心。

　　小學教育必須以活動和體驗為主，年齡越小越是如此。及至成人，其心靈活動的順序就如同易卜生在其 *Per Gynt* 中的描述：

---

[1] 譯註：是指和諧、快樂與良善三個形容詞。

[2] 譯註：在本書第一章曾引用兩段1960年丹麥「藍皮書」——《丹麥學校教育指引》中的內容。其引用的第一段內容強調「……孩子需要活動與體驗……」，第二段則強調「……學校首要的任務，卻是促進能讓孩子成長為和諧、快樂與良善人類的種種機會……」，將兩段內容的重點合併並略去形容詞之後，就會變成「學校的首要任務，就是透過活動與體驗，來鼓勵每一個成長的機會」。

「想著要、意圖要，並且決心要這麼做。……」身為大人，我們活在自己的思想中，思想刺激我們生活的情感，情感則轉而引發我們採取行動的意願。

對孩子來說情形卻剛好相反，他們每天的生活都是在永不感到厭倦的遊戲活動中度過。在幼兒園與小學階段，孩子的情感會變得更加豐富與複雜，以此為基礎便得以發展出成人清晰與醒覺的思想。偉大的丹麥作家兼聖詩寫作家Grundtvig就這麼寫道：「何謂思想？不就是情感開始意識到自己這麼一回事？」或者，以詩的形式來表達：

是什麼人啊

從過去所學的一切成就了智慧

卻又不對這些懷抱著情感？

他

根本未曾存在過[3]

---

3　譯註：這段詩句所表達的意境是：人的智慧（思想層面）是由過去的情感演變而來，因此人一旦成就了智慧，仍會對過去懷抱著情感。由於譯者尚未找出具備相同意涵的中文詩詞，這段詩句只能根據紐西蘭Taruna華德福師資培育學校資深教師Robin Bacchus先生的解釋，做成以上翻譯。

　　活動與體驗中隱含著「情感」與「意志」兩項要素，而如果我們把「思想」看成是隱藏在「傳授基礎知識」這段敘述之中的話，我們就能看出丹麥學校「藍皮書」所描述的心靈三要素實際上已經包含了Grundtvig的想法了，這些正是兒童教育的核心所在[4]。

　　我們從意志的活動開始，經情感的階段，最後達到思想層面。思想應該是這種漫長過程的最後結果。因此，兒童教育是涵蓋這種三個面向的過程，而概念[5]是最後才發展出來的。

　　過去曾有許多關於學習過程的實驗，嘗試過各種直接訓練孩童智能的方式，例如教學機的使用。各方面卻一再顯示，如果想讓孩子能在思想上有深層的發展，回到身體的活動是必要的。

　　從某些傳記可看出以前曾採用過許多速成的方法，John Stuart Mill的一生便是個例子。在幼年時期他已受到思想元素的直接影響。早年的他在智能上發展迅速，也被看作是個天才兒

---

[4] 譯註：在本書第一章所引用1960年丹麥「藍皮書」——《丹麥學校教育指引》的第一段內容中強調「……孩子需要活動與體驗……」，並提到「……學校的任務必須始終是——在傳授基礎知識的同時去發展……」。既然活動與體驗隱含著「意志」和「情感」，而基礎知識又屬於「思想」的層面，因此作者才會認為丹麥「藍皮書」已經包含了人類心靈的三要素「意志」、「情感」與「思想」。

[5] 譯註：思想層面。

童。但我們必須說，從他的哲學觀可看出，他非常不信任由思考所導引出來的結果。而他也認為，自己生命中所遭遇的重大危機，與他缺乏真正的童年有直接關係[6]。

　　孩子無法從純粹由思想所導引的知識中獲得成長——不只是因為這種方式對他來說太過困難，更重要的，是因為兒童的發展必須經歷活動與體驗的過程。

　　我們可以嘗試這樣做[7]，並將發現某些孩子的確被教養得很好。但這是因為身為老師的我們在面對整班的孩子時，必然或多或少會撒出「活動」的種子，而這小小的胚芽歷經轉換的過程，最後變成了思想。對孩子而言，這些事件的歷程是無法避免的。

　　然而，尤其重要的是，為人師者不僅要啟動這個過程，更要能在整個過程中隨時保持清醒。唯有如此才能在教學時避免時間的浪擲並達到真正的「效果」——或許在此並非恰當的用語，但這卻是經常被用來責難創造性與藝術教學時的用詞。

　　只有在充分了解前述心靈的發展過程之後，才能獲致真正的

---

6　譯註：John Stuart Mill（1806-1873），十九世紀英國著名的哲學家與經濟學家，為當代影響力很大的古典自由主義思想家，其父就是著名的功利主義哲學家James Mill。自幼父親即以功利主義為理論基礎來對John Stuart Mill施教，使其童年的生活沒有玩伴、沒有遊戲，只有書籍和父親的話語。

7　譯註：指以智能導向來教育孩子。

效果。此外我們也要知道，人類的發展並非只是內部構造不變但外觀卻由小變大的成長過程。真正的發展應該是，成長過程中各方能力會從一種層級完全轉換到另一種層級。孩子就是這種發展的存在體，會以完全轉換的方式一路發展成為大人。

如此看來，老師必須有極大的耐性。不只是日復一日地要去了解孩子有關昨日課程的學習狀況，而且還要年復一年，甚至是孩子從生命中的一個階段，轉換到下一個階段的時候，老師都要能耐心地去詢問與了解。老師最需要克服的障礙就是——才剛播種就想要立即收成。關於這點，Pestalozzi [8] 說道：

「能夠耐心等待直到一切成熟，是人類極佳的美德。」

我們所需等待的這股力量——等待以發掘出引導孩子成長的精確節奏——正是環繞所有教育過程並發揮「孵化熱度」的力量。

Jean Paul在論及教育時也談到「播種」的功能，然而他也進一步指出，教育的任務不只是播種，更應該要做到溫養。他自己就引用蘇格拉底的想法說，我們只能像產婆一樣，把孩子已經具有的天賦接引出來——要耐心等候機會的出現，亦即身

---

[8] 譯註：Johann Heinrich Pestalozzi（1746-1827），瑞士教育家，倡導「手、腦、心」三者並用的學習方式。

為老師所能為孩子營造的成長機會。這是為人師者唯一能貢獻的，但這並不表示責任會減輕，相反地，責任是更加重大。

於是，算術與數學也和其他領域一樣，所面對的問題應該是：「孩子與生俱來的天賦是什麼？」而不是「社會要求我們教給孩子什麼？」如果要把孩子的內在特質導引出來，我們應當遵循怎樣的發展法則呢？或者以另一種方式來說，這不是一個「要創造什麼」的問題，而是「要把什麼帶出來」的問題。

在這種情況，我們必須問：「數學到底已經在孩子內心埋藏了什麼，並且，要滋養這些既存要素的法則是什麼？」

我們很少考慮已經存在孩子身上的東西，卻經常一廂情願地把注意力放在我們所相信孩子將來會變成的模樣。

孩子是教育的起始點，需要我們去深究教學的方法；而成人學生，則是教育的最終結果，需要職業性、主題導向的探究。然而我們卻傾向讓後者主導當今整個教育的思維。

我們應該花更多心思去了解那些會影響教育起點和終點之間、兒童與青少年之間的各種發展與轉換法則。我們常試圖去規避型態轉換的概念，因為這種概念非常困難，而我們專業領域的每一部分卻都支持我們去規避。因此，我們必須拿出真正的意志，努力把數學的教育建構成「從孩子本身孕育出來」的境界。

說得通俗一點，我們必須「避免去規避」型態的轉換。引號中辭彙的涵義，其實正與數學領域中的「負負得正」有同樣的

價值，並且也對我們顯示出，藉由這種意志力的堅持，我們可以為孩子帶來更高層次的正向發展。

# CHAPTER 3 數字的性質及其隱含的祕密——本質數

前一章我們已談過孩子感官的敏銳時期，同時也將教學與孩子特定階段的發展做成關聯。孩子的成長是以其感官發展為基礎的，而發展的重心會很快從一種感官轉移至另一種感官。如果我們採用的教材能夠搭配這種發展的節奏，將會為全人類帶來無上的福祉。

通常我們不會說有所謂的「思想覺」（thought-sense）能用來感覺到思想，就像用聽覺去感覺聲音一樣。但如果真的有這種感官，那麼除非孩子已經出現這樣的需求，否則我們必須盡量避免去使用這種感官[1]，絕不可因為我們認為越早使用越好，就去使用它。我們也不會稱呼有所謂的「數學覺」或「幾何覺」。不過，如果我們真要作如此的稱呼，這種感官也肯定不會如我們從許多數學相關書籍所得來的印象一樣——以為這種感官與「思想覺」是有關的。

---

[1] 譯註：即思想覺。

在孩子的生命中，有許多地方都能顯示出這種「數學覺」的存在，並且是在年幼時就開始作用了。同時，它似乎並未與「思想覺」連接在一起（如果「思想覺」存在的話），因為此時數學覺並非體驗到我們經常應用的數量，而是比較偏向定性（qualitative）的體驗。在仔細研究孩子的肢體表現或是早期數學發展的歷史後，便能對上述情況有所理解。

許多證據顯示，早期人類把數學視為一種定性的科學。這可由我們相信幸運數字以及對某些其他數字感到不快而看出端倪。我們經常會有類似的迷信，而許多人在選擇樂透彩券之前也會習慣性地先搖一搖彩券箱。

因此我們要說，一系列數字並不僅僅是一列性質相同、每個的個頭比前一個還大一些些的小士兵，而是一列彼此之間互有關聯的獨立特徵。而第二種說法比較能引起我們情感上的共鳴。

對古希臘人來說，每個數字也都有它獨特的性質。數字6是個特別的完美數，它可分別被 1、2 和 3 分割成整數等分[2]，而其總和又恰好是 6。以現代觀點來說，6 還可以被 6 整除，但古

---

[2] 譯註：意思就是6可被1、2和3整除。在英文中，divide是指算術四則運算中的「除」法，但這個英文字的原意其實有「分割」的意思。由於翻譯成「除」法已看不出「分割」的涵義，而在隨後的章節裡，作者會談到「數字起源於分割」這個重要的觀念，因而本書大多將divide翻譯成分割而非整除，特此說明。

時候並不這麼想，因為 6 就在自己的內部，一個數字是不能被自己分割的[3]，因此 6 的內在就包含了：

$$1+2+3=6$$

並且，其內含數值[4]與外顯數值（也就是它表象的數值）是相等的。因而其內在與外在可達到完美與和諧的狀態。下一個完美數是 28，其組成是：

$$1+2+4+7+14=28$$

如果嘗試去找下一個完美數，當你數到了 500 卻還沒找到時，就必須重來了，因為已經數過頭了[5]。不過，我們已能在過程中稍微體驗到偉大數學家們在經年尋找這些完美的個體時所必須投入的工作。比如說，若欲找出第五個完美數，你能想出還有什麼方法是尚未被嘗試過的呢？這第五個完美數是 33550336！過去在埃及的亞歷山卓城（Alexandria），有一位從約旦傑拉什（Gerasa）來的數學家Nikomakhos，平白花了許多力氣來找尋這個完美數，便曾悲嘆地說道：「善與美是如此的稀少又相隔遙遠，但醜陋與邪惡卻是成群成堆地出現。」

---

[3] 譯註：這也是譯者將divide先翻譯成「分割」的原因，因為這是古時候這種運算的原意。

[4] 譯註：即所有因數之總和。

[5] 譯註：第三個完美數是496。

　　這種對數字的態度真是不一樣啊！有所謂的美麗與完美的數字，也有醜陋與不完美的。15是個不完美數，其內含數值只有9。它以自己的外顯數值來自我吹噓。16的內含數值是15，所以只有稍作吹噓而已。24則完全沒自我吹噓，因為它的內含數值是：

$$1+2+3+4+6+8+12=36$$

所以我們能立即看出它是有價值的，同時也是不浮誇、不會自命不凡的[6]。

　　360這個數字在許多場合都是重要的角色。從前述觀點來看，它是個有價值且具備多種可能性的數字。它的內含數值是810，我們可將其價值以下列分數的比值來表示：

$$\frac{810}{360}=2.25$$

而 24 的內含與外顯數值比則是：

$$\frac{36}{24}=1.5$$

　　所有完美數其內含數值與外顯數值的比值都是 1，因此 360 變成一個重要的數，而非默默無名的[7]。相較之下，15 的內含與外顯數值的比值是：

---

[6] 譯註：內涵比外在豐富多了。
[7] 譯註：360的內含與外顯數值比為2.25＞1。

$$\frac{9}{15}=0.6$$

翻開數學史，到處都可看到類似的關係。例如幾何學中，各個柏拉圖立體（Platonic solid）[8] 之間就存有一些關係，對希臘人來說，這是和宇宙以及四種元素相關聯的，而從中我們也可看到兩性的投射。通常，古希臘人體驗到，數字和形狀的世界與人類心靈之間存有緊密的連結。

幼童也與這類特性緊密相連，與早期人類的想法類似，但因為他們是孩子，無法把這種體驗說出來，也無法把他們的感覺和柏拉圖立體或完美數這麼難的議題連結在一起。然而他們卻能以相同的眼光來看待這些事物。換句話說，他們的運作必然源自同一個世界，但他們卻只能以當下年紀所熟知的語言來表達自己。

因此，在教導算術之前最重要的一件事，就是要試著為自己勾勒出早期文明的圖像。這是一種預備性的工作，目的是要找出引領孩子進入數字世界的可能途徑。接著要補足的，就是尋找適合各年齡層孩子能力的教材。

對於希臘數學家而言，柏拉圖立體有著極為重要的角色。不僅僅是克卜勒（Kepler）[9] 將之置於球體的中心，整個古希臘時

---

[8] 譯註：一個多面體，若其各個面都是由相同的正多邊形所構成，便稱為正多面體，又稱為柏拉圖立體。

[9] 譯註：Kepler（1571-1630），德國數學家與天文學家，是歐洲十七世紀科學革新時期的重要人物。

期數學家對柏拉圖立體的體驗也是與球體合一的關係。以相同的方式，我們也可以讓孩子去體驗較簡單的圓內接正多邊形。一開始若不超過三到六個邊，孩子會很容易跟上，如此便能滿足他們對數字特性的感覺。我們可以請孩子畫出如下的圖形：

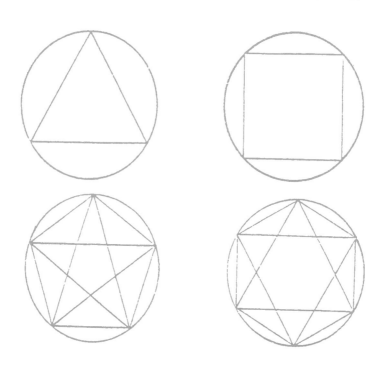

在畫五邊形或六邊形的同時，孩子也能畫出星形，這麼做能使他們較容易畫出正多邊形。也可以利用顏色來強調數字的關係。不過，相對應的區域應塗上相同的顏色，否則整幅圖像會

變得很可笑，換言之就會偏離原先的教學目的。

　　一年級的學生就能很清楚地知道，要使整個圖形看起來和諧的話就要讓每個邊都相等——就如古希臘人要從正多邊形建造出立體的時候一樣。他們有相同的意圖，而其認知的方式也是類似的。

　　讓孩子體驗圓的統合、單一和完整性是很重要的。一開始讓他們徒手畫——在很後面的階段才使用圓規。他們可以把2寫成這個樣子：

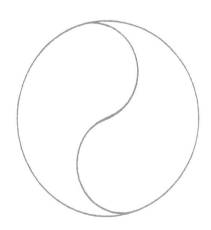

　　畫出一個漂亮的大圓後，可發給他們一些核桃或栗子放在圓周上。例如發給他們3個核桃，並要他們「小心地」放在圓周上。所謂的「小心」可以有很多可能，我們應該要接納每一種可能。不過也要協助孩子擺放核桃，使圓周大致以120°三等

分，請記得別在他們面前用到這個術語。

同樣地，也可以用相同的方式給他們4、5或6個核桃擺擺看。

在觀察孩子分割圓的時候，譬如說分成6份，可以看出孩子全心投入在數學當中。此刻正在進行的工作，會形成其往後成人數學思維程序的基礎。讓他們用不同方式挪動6個核桃中的3個，有時他們會突然認出先前所擺過的三角形，而體驗到純粹的樂趣。

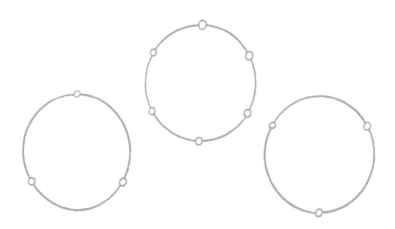

6個核桃可以看成兩個不同的三角形

頂點可能會朝上（許多情況這是最好的方式），也可能會朝下。有些孩子所看到的最佳三角形是頂點朝上，有些看到的是頂點在左下角，有些則是在右下角。

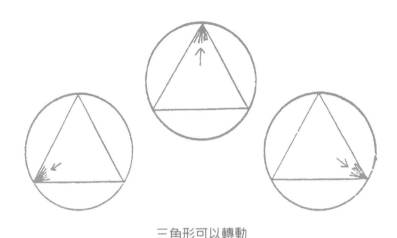

三角形可以轉動

最後，會有學生發現三角形可以動。他畫的圓剛好夠小，讓他小小的手指頭足以用拇指和中指壓住其中兩個核桃，第三個核桃就需用到另一手的食指來壓住。他會高興得大叫而吸引全班都圍過來看他轉動三角形，他可以把三角形的頂點從上方轉到下方。

如果你自己試試看，便能體會那興奮的感覺。做的過程中整個人必須站起來以避免雙手絞在一起。當每個人都同時想要試試看的時候，便會引起班上的騷動，但老師必須習慣這樣的情形。

在這120°角內蘊藏了三角形的性質，與我們的和諧感相呼應。當3個核桃擺對位置的時候，我們會有平衡的感覺，這種感覺與圓的尺寸大小無關。

正方形會有完全不一樣的感覺，正五邊形的感覺也是不同的。

對多數孩子來說，正六邊形是非常特殊的。當孩子們在圓上放好6個核桃後，再發給他們每人一把核桃，並要他們排出兩個相疊的三角形。通常這是一種深刻的體驗。若核桃數量夠多，便可能排出如下的圖形，而這會引發很大的驚奇！現在出現的是許多大小不同的三角形，而當孩子們試著把三角形變得一樣大時，中間便會產生正六邊形。整個過程就是一種眼睛、手和全身熱切而和諧的交互活動。就是這種生動的活動孕育出數學家的。

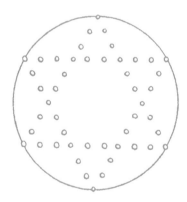

均勻排列核桃以構成六角星形

讓我們從一開頭就強調清楚：這不是要恢復舊有的迷信，而是以該有的方式來教導數學和算術，這是在頭腦主導算術或數學的運作之前一條漫長的道路。這種方式能滿足孩子最大的欲

求——只要孩子發展有所需求，就應盡可能留在肢體活動的世界。

在圓周上放置4個核桃！再取4個核桃，放在原來的兩兩核桃之間。接著用新的核桃畫出兩個正方形[10]！

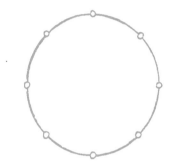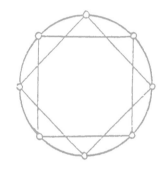

8個核桃可以做出兩個四邊形

這回在圓內側邊上出現的三角形與先前的三角形大不相同。它們與先前六邊形的情況不太一樣，沒那麼好看，核桃也不像之前那麼容易能平均擺放，因為邊長並不相等，而且沒辦法以相對的方式來量取。現在孩子手中握著的，是所謂「無理數」的問題[11]。當然他們並不知道什麼是無理數，現在也不必告訴他

---

[10] 譯註：如同第26頁的圖，在圓上擺上六個核桃之後，再用更多的核桃擺出兩個大三角形，其中包含了許多小三角形和六邊形。

[11] 譯註：意思是說以其中一邊為1個單位來量取不同長度的其他邊，看看其他邊的長度是幾個單位，會發現所得結果既不是整數的倍數，也無法用分數（例如四分之三）或者有限的小數（例如1.35）來表示，所以作者說這是數學中的「無理數」問題。

們，但他們的眼睛和手指已經察覺到了。他們可能的反應是：「嗯，這真好玩。」老師則知道孩子們將在六、七年後再次遇到這個問題。

在圓上再次用4個核桃擺出一個四邊形，然後於兩兩之間均勻擺放另外兩個核桃。這看起來與時鐘一樣了！然後每隔一個核桃便取走一個。看，先前的六邊形出現了！如果再次隔一個核桃取走一個，就會出現三角形。我們可以從時鐘導引出四邊形和三角形。這是個重要的發現。圓上的12個核桃隱含著許多謎題！

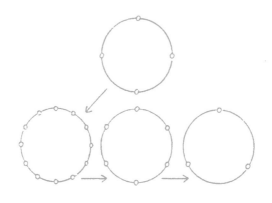

經由12可以從4到6和3

接下來，在圓上放置5個核桃，並在其每兩個中間再放一個核桃，這樣就得出一個十邊形。觀察一下這個十邊形，我們決定每隔一個取走一個，重複繞兩次，看看結果如何。第一圈沒

有問題，但是繞第二圈時結果就沒那麼理想了。從中我們學到一些關於奇數和偶數的性質。

　　如果一圈放16個核桃——這麼做並不困難——我們就可以每隔一個取走一個且重複做很多圈。有些孩子可能會說16是一個很均勻的數，如此他們以自己的方式理解了「偶數」（even）的意義[12]。20就不是那麼均勻的一個數了。

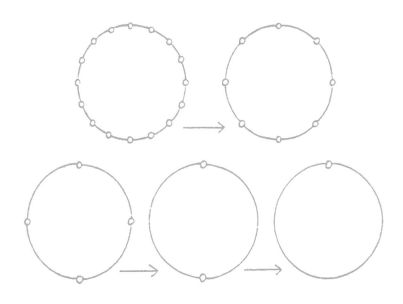

16是一個超均勻的數字

---

[12] 譯註：even在英文中是「均勻」的意思，中文則除了翻譯成「均勻」之外，even number被翻譯成「偶數」，對英語系國家的人來說，「偶數」就是「均勻數」的意思。

在進行到倒數第二個圖的時候，許多學生會提出這樣的問題：「如果只有兩個核桃的話，什麼是每隔一個？」這會影響我們能否繼續往前推進。

若有一天每個孩子分到7個核桃，並且要放在圓上，他們立刻會憶起放置5個核桃時所遭遇的困難。他們會想起當時需手腳向外伸展地躺在地上，加上頭部之後會形成一個五角星形。之後放置5個核桃就沒那麼困難了。

但7個核桃就出現問題了，因為我們少了一雙手臂。頭部容易擺放，兩腿要稍微靠攏些，並且還得想像自己有一對翅膀。

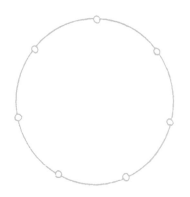

要在圓上放置7個核桃並不容易

最後我們把帶著翅膀的人安置妥當，並得出一個美妙的七邊形。如果現在要每兩個核桃挪走一個，會再次發現無法辦到。我們只好用手指點出每兩個核桃挪走一個的軌跡，接著用鉛筆把這個軌跡連起來，就會看到令人振奮的結果。

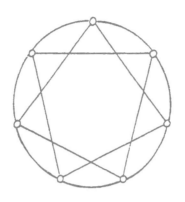

把每相隔一個的核桃連接起來

如果是把每三個核桃的第三個連接起來，會更令人振奮。

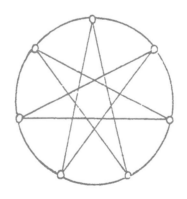

把每三個核桃的第三個連接起來

這有些困難，但顯然值得我們費這麼大的工夫去做。

以相同方式試試八邊形，我們可以從兩個分開的正方形得到

一個八角星形，但也能以一條連續線畫出一個八角星形。

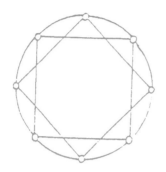 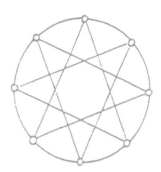

　　九邊形也是一樣，可從三個三角形或一條連續線得到一個九邊形。

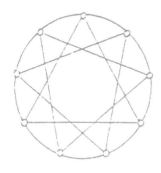 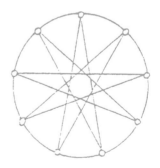

　　至於十邊形，可以從兩個五角星形或一條連續線得出。

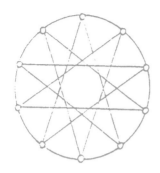 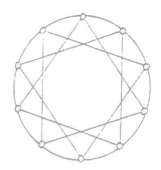

　　以這種方式，我們將可體驗到五角和七角星形只能由一條連續線來構成。繼續做下去的話會發現十一角和十三角星形也有相同的狀況。為什麼會這樣呢？

　　學生們以後會學到更多關於這方面的知識，但此時他們已經開始接觸到許多「質數」的問題了。

　　六角星形是個特例，因為它無法用一條連續的線畫出，只能由兩個分開的三角形構成，一個頂點朝上，另一個頂點朝下。

　　猶太人能從六角星形看到一些特別之處絕非偶然，對他們來說，此一形狀有很深奧的象徵意義。不過，此處我們只關心六角星形有別於其他星形的數學特徵。

　　這些核桃遊戲應該與大廳中的活動配合，大廳空間要夠大，讓孩子能手牽手圍成一圈。或者至少要能讓班上半數的孩子圍成一圈，讓孩子能時而參與時而旁觀也是很有價值的。

　　我們讓12個學生圍成一圈。若每隔一個孩子向前跨一步或坐

下來，整個場景立刻會變得不一樣。若是每隔兩個孩子向前跨一步，便可立刻看出先前的四邊形。若每隔三個孩子向前跨出一步，就可獲得三角形。同時我們會知道當學生人數是 12 時，這些數字都可有完美的展現。但若每逢第五個學生要向前跨一步，就發現這行不通。12 和 5 好像沒那麼相關。當每逢第六個要走出一步時，又創出了新的東西，但比較不令人感到興奮。

藉由此一過程，我們發現數字間以某些特定的方式關聯在一起。如果一圈有13人，則不論每逢第三個或第四個都不會剛好，每逢第五個也不行。但如果一圈有15個學生，則每逢第五個學生跨出一步就會剛好了，所出現的三角形多漂亮啊！15、5和 3 之間是互相關聯的。

回到一圈 12 個孩子的情況。再找一個孩子，給他一捆繩子循著圓圈走動並沿路放出繩子，並要每逢第四個孩子就讓他抓住繩子，我們立刻會看到一個漂亮的三角形。同樣地，我們也可以要每逢第三個孩子就讓他抓住繩子而得出四邊形。4 對 3，3 對 4——很容易記得住！

如果我們有兩條繩子，便可用兩個三角形構成一個六角星形。先做第一個三角形，並將之置於地板上，之後做第二個三角形。接著把兩個三角形舉到同一高度，所出現的星形顯得格外漂亮。一旦要求孩子們把此一六角星形旋轉一圈，活動就成了專注力的練習。整個過程裡，大廳內會變得寂靜無聲。沒握住繩子的6個學生可往後退一步，如此可標記出這個圓圈。其他

孩子則須時時確認繩子是拉緊的，且每個人旋轉移動的步調要一致，直到再次回到起點。在外構成圓圈的孩子們也要有機會試試看，最困難的是，要把星形移交出去而不破壞它。三年級的孩子大概就做得到了。

　　這是個嚴肅的遊戲，從中可學到許多事情。圖形外圍有6個小三角形，理想上它們應該都是等邊三角形。同時它們彼此間也應該維持特定的關係。整個圖形在旋轉的過程中會持續變化，為了修正誤差，孩子們必須知悉相鄰孩子的位置。透過這種觀察與判斷的練習，孩子們訓練出實際的數學技巧，構成他們日後數學能力在思想層面的基石。

　　要時時保持繩子拉緊是很困難的。這需要密切合作並觀察三角形中另外兩個人的移動，這樣的活動本身就很有價值了。其中可能有條繩子經常是鬆弛的，不再構成一個三角形。為了能讓孩子的手感覺箇中涵義，幾天之後可以用棍子取代繩子。孩子們會了解此時的三角形穩定而無法變形。同樣的手，經歷了兩種截然不同的體驗，而提早數年「知道」了三角結構，包括「全等」的涵義[13]，以及為何木匠總會在屋頂結構對角處釘上一支樑。

---

[13] 譯註：若兩個三角形之三個對應邊長均兩兩相等，則稱此兩個三角形為「全等」三角形。

對角樑可防止屋子坍塌下來

　　前面所述低年級孩子的種種練習活動，可無限延伸地加以補充。可能有人要問，到底我們所指的是哪種數字。譬如說，基數（cardinal number）和序數（ordinal number）是不同的。基數5可以用5顆蘋果來表示，序數5則只以一顆蘋果來表達，也就是在一列蘋果中的第五顆，是數出來的[14]。

---

[14] 譯註：「基數」是數字用來「計算個數」的性質，而「序數」的特性則用於顯示數字的先後順序。

蘋果是知識的果實，對人是好是壞[15]

　　目前為止我們所談論的數字既非基數也非序數。我們總是能在數字本身找到這種特性[16]，但它們卻存在於全然不同的層次。

　　當我們說5是一個質數（prime number）[17]時，便很接近我們前面所說的層次。此種特性完全與數量或次序無關。它相鄰的6就不是個質數，而是一個完美數。此二者都會令人產生特殊的感覺，它們都具有獨特的「身分」，而且與「一個數比另一個數多出1」這個事實毫無關係。5是一個質數，這就是它的一種屬性。我們也可以將前面提到的蘋果拿一個來對半切開而得到相同的體驗，不過並非與人分著吃時沿蘋果軸線切開的方式，而是以橫斷的方式切開。如果你照這種切法去做，而且過去從來沒這樣切過蘋果，便會對數字5的特性有多一些了解。蘋

---

[15] 譯註：在舊約聖經的伊甸園中，蘋果是代表知識的果實。亞當和夏娃就因吃了這果實而被趕出伊甸園，或許這就是作者說「對人是好是壞」的原因。

[16] 譯註：既非基數也非序數的特性。

[17] 譯註：prime number在台灣的數學界翻譯成「質數」，但英文字prime其實有「原始」的意思。

果是一種來自知識樹的水果，在孩子整個學習過程我們會一直用它來幫助了解基數與序數。老師通常會說：「以5顆蘋果為例……」接著解釋這兩種數的特性。這就跟過去應有的做法一樣，傳統以來就是這麼教。但老師們總是忘了在隨後將蘋果切開，看看5真正的精髓是什麼。蘋果內在深處所具有的既非基數也非序數，而是一種可以創造出這兩類型數字的驅動力。

　　我們需要替這種數的特性[18]找個名稱。所以除了基數和序數之外，或許我們還可以有「本質數」（essence number），或「品質數」（quality number），或「個性數」（individuated number），或是……稱做什麼好呢？

將蘋果橫斷切開，看了幾乎會不忍心拿來吃！

---

[18] 譯註：是指具有這種驅動力的數字特性。

　　所有早期的數學都帶著這類關於數字的訊息，這正是為何孩子們必須以各種方式去體驗數字質地的原因——因為孩子內在深處有一種我們可稱之為「歷史性」的需求。這並非意味他們需要去學歷史——他們當然也有歷史課——而是需要清楚地去看見他們周圍環境中，那些過去的文明世代中所重視的事物。「藍皮書」（參見第一章）中說，公立學校的課程太多了，而由於這是不理想的，所以某些只是為了傳統而被保留的項目必須予以刪除。

　　這種說法是有某些真實性，但過程中卻很容易造成刪減過度而傷害孩子內在能量的泉源。這種能量的泉源其實是需要更多關照的。在讀到「只有大力刪減過時教材」才能使科學研究大步邁進時，我們便有所警覺。「藍皮書」中說，教材的改版必須看成是一種持續進展的過程。改版可依據對最新觀念的持續追尋，而在任何時候來進行（但不能干擾學校帶給孩子自信與和諧的目標）。

　　無疑地，的確有許多教材是可以刪除掉的，因為它們與孩子內在的世界沒什麼關聯。然而，如果在刪減課程時，基本的立論根據是認為孩子的內在世界與大人有著相同的結構，我們便會埋下不安與神經質的種子。如果把孩子成長中「型態的轉換」以及「對傳統的需求」等過程忽略的話，問題會更加嚴重。

　　孩子在童話故事中所立即獲得的歡愉感與此有密切的關係，

這有時也讓我們覺得，相較於以科技為自己孩子所巧妙堆砌的成長環境，孩子反而是在童話世界裡過得更為舒坦與自在。

在最古老的神話、傳說和童話故事中，均可找出前述對孩子內在「歷史性」的實質養分。這種內在使得孩子與過去文明世代的連結，在許多方面都勝過與我們的連結，因為我們只是現代文明的一員。

因此，我們的確經常會在童話故事中發現早期世代經驗「品質數」的標記，此種數字既非基數也不是序數，而是在它們以其他數的特性展現在外之前，便已經存乎其內的創造性動力。在童話故事中這種「本質數」隨處可見，有時以兩兄弟的型態出現，有時是十二隻天鵝，有時則是四種風或是三姊妹。我們因而可能會墜入數字的神祕主義之中（雖然我們並不應該如此），但即使在如此扭曲的形式裡，也至少還保有某些與時間無關的核心，那是存在我們內心深處的最後渴望。

在以下的印度童話中我們可以體驗到原始的數字4。這是關於四兄弟的故事。一個值得探討的問題是，如果加入更多的細節，可否將四兄弟想成五個。或者，故事中兄弟的個數是否意味著某種關係，其特性只能是四個面向，且其主題所蘊含的生機在3或5的情況都無法存在？果真如此，那麼這個數就是一個「本質數」。在此也許我們又為這種數找到了新名稱──「有機數」（organic number）或「整體數」（whole number）。這些名詞暗示了該有機整體背後的創造力。

故事「獅子」中的數字4就是屬於這類數字。

獅子

從前有四個兄弟，他們的父親是位婆羅門[19]。他們相親相愛，並相約到鄰國旅行以闖出名聲與賺取財富。

其中三人曾廣泛而深入地學習，精通魔術、天文與煉金術——這是靈性科學領域中最難的一門。第四個兄

---

[19] 譯註：古印度「種姓制度」下的一種貴族階級。

弟則什麼也沒學，只是具備很好的常識。

在他們旅行途中，有一天，一位有學問的兄弟說：「為何要讓那無知的兄弟沾我們學問的光？他不過是我們此行的負擔而已。他永遠無法贏得王子或國王的好感，因此他會是我們的恥辱。讓他回家不是更好嗎？」

不過大哥卻說：「不，就讓他一起分享我們的好運吧。畢竟他是我們親愛的兄弟。而且一定能幫他找個不讓我們丟臉的工作。」

因此他們就繼續一起結伴旅行。之後不久他們進到一座森林，並看到一堆獅子的骨頭散落在路上。因為在太陽下曝曬很久，骨頭已經變得像石頭那麼硬，像牛奶一樣白。

先前批評別人無知的那個兄弟說：「讓我們告訴他學問的妙用。我們可以賜予這堆骨頭生命，變出一頭獅子，讓他羞於自己的無知。只需短短幾句咒語，我就能聚集這些骨頭，把它們擺在正確的位置。」接著他唸了咒語，骨頭也立刻喀嚓喀嚓地聚了起來，每塊骨頭都擺在應有的位置，於是整個骨架就完成了。

第二個兄弟說：「我只需幾句咒語就能在骨頭間變出肌腱，將它們擺在正確的位置，並在肌腱之間補上肌肉與鮮紅色的血。同時我要變出牠的血管、體液、腺體與骨髓。」接著他喃喃地唸了咒語，於是在他們腳下出

現了一具碩大、完整並帶有皮毛的獅子身軀。

第三個兄弟說：「至於我，只需一句咒語就能溫熱牠的血液，使牠的心臟開始跳動，於是這頭野獸會活起來、呼吸並吞吃其他動物。你們也會聽到牠的吼叫聲。」

在他還來不及唸出咒語之前，第四個兄弟趕緊用手搗住他的嘴巴，並且大叫說：「不，別唸出來。這是隻獅子，如果讓牠活過來，我們都會被牠吃掉。」可是其他兄弟卻嘲笑他說：「回家吧呆瓜，你懂不懂科學啊？」

這第四個兄弟回答說：「至少在你們把獅子變活之前，讓你可憐的兄弟有時間爬到樹上去吧。」其他兄弟都同意了。

他才剛爬上樹，咒語就唸出來了。而獅子也有了反應，睜開牠黃色的大眼睛，伸了伸懶腰，並站起來吼叫。接著牠轉向這三位有學問的人，把他們全吃了。

獅子離去後，這位對科學一無所知的年輕人爬下樹，毫髮無傷的回家去了。


我們絕不能用抽象的概念為孩子解釋童話故事，必須用故事自有的方式來影響孩子。我們只需相信，故事當中所蘊含的力量會與孩子一起轉化，並在未來陪伴著孩子。因而在此我們

只想概略地提出，這個童話可以用如下觀點來詮釋，它可能是指出人類將周遭事物的基本體驗大致分為四個領域：了無生氣的礦物世界、有生命但不能自由移動的植物世界、能夠移動並且以聲音和慾望來表達自身的動物世界，最後則是以能力（例如洞見和計畫）來超越其他三者的人類世界。故事結尾的動物（獅子），因同時具備了三個較低層的世界，所以必能將三個兄弟吞吃掉。最年輕的兄弟則不只超越了他們，也超越了自己，於是得以回到他原來的家[20]。

這個故事道出了純正的 4，不是比 3 大 1 或比 5 小 1 的 4，而是那一開始就從造物者手中承接到結構性力量的 4。

也許我們也能稱呼它為「結構性」數字。

我們可在多種不同的情況下講述獅子與四兄弟的故事，當然國小一年級也是恰當的時機。在說故事的同時，也應該與孩子談談他們生活中相關的事物，以加深他們對4的體驗。例如，安排將有關季節規律性的課程介紹給他們。他們可能會畫出一幅

---

20 譯註：第一個兄弟能掌握礦物世界的力量，因此能將獅子骨架組合在正確的位置；第二個兄弟能掌握植物生命的力量，因此能給予獅子活的血肉與皮毛，但還不能讓獅子自由行動；第三個兄弟則掌握了動物的知覺與行動能力，因而讓獅子動了起來；獅子則統合了三種力量，因此有能力將三兄弟吃掉；而第四個兄弟則超越了他們，所以能逃過一劫，活著回家。由於這四種力量的本質與層次不同，所以作者在說故事之前就提到4在這故事中是一種本質數。

風景，當中大夥兒正玩著季節性的遊戲，而田野、樹木與灌木叢則披著當季的衣裳。

　　然後我們能找一些其他與4相關的事物，這是其他數字無法替代的。例如我們可以和孩子談談為何書會有四個角。首先必須先想想，如果書有三個或五個角，或是更多角，會變成什麼樣子。想像一下該怎麼把它們放進書櫥、書包，或郵寄之前如何打包！或者，想想看，若人們在圖書館書櫥裡找的書是三角形或五角形，會是多麼逗趣的一件事！

　　不，書必然是四個角。四個角，或者可能是八個，這樣當我們把書豎立在書櫥時書名才會顯現在書背上，我們也才不會為了找書而扭斷脊背。不過四邊形才是最佳的，因為它能讓任何印刷機械很快地確認位置。想想看，要裁出八角形的書頁有多困難！

　　現在可以把玩笑話擺在一邊——不過我們得先了解日常生活中有哪些重要的事物有助於體驗數字的關係，以及哪個年齡層需要了解到何種程度。令人感到溫暖與融洽的幽默總是恰當的，即使數學這門科目也不例外。

　　我們自己的身體也提供了體驗數字的寶庫，特別是對孩子訴說的時候。較小的孩子仍能維持「不以自我中心」的意識來看待自己和自己的身體，這種情況在接近12或13歲時便會有所改變。不過對較年幼的孩子來說，用他們自己的身體來點出數字的關係是體驗數字特性最好的方式之一。

　　我們可以跟他們談人體的四肢，四肢如何以各種方式為身體效勞，以及其與我們周圍環境的關係。也可以告訴他們身體有關5和3的部分。隨後我們將以單手掌的數字5和雙手掌的數字10作為基數，但別就此打住！讓孩子將他們的手看做是美妙的雕刻品。讓他們體驗祈禱者的手勢，並對每次與人握手時所升起的整體感與統合感能夠心存感激。

　　記住，也許以後你會為同一群孩子講授藝術史，這時你就會提到杜勒（Dürer）、米開朗基羅（Michelangelo），或達文西（Leonardo da Vinci）的手。在這些畫作中，從未有人談論手指的數目，而是討論其所表現的心靈意象，這就更為清楚地顯現出，除了基數和序數之外還有第三種數的存在。

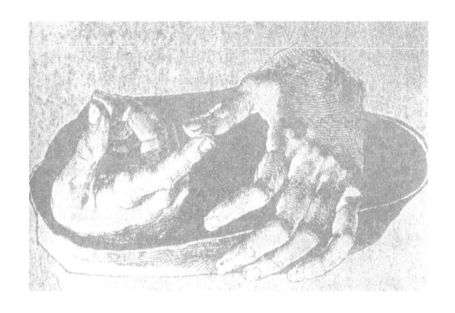

　　數字3與《聖經》中的三位智者相關，也與肉體區分為頭、四肢和軀幹有所關聯。在動物、植物和礦物的世界裡也有許多「本質數」存在的證據。例如，我們可在蜂窩、單子葉植物和水晶石中看到數字6。

　　花的構造可以給我們很多靈感。然而我們無法在一年級時就去詳細探討植物的關係。事實上我也必須提出忠告，不要為了計算花瓣或豆莢的種子數目而把花或其他植物帶到課堂上分解。這個年齡對植物最好的體驗就是直接帶他們走進大自然。在任何情況都讓他們以這種方式開始。接著，或許可以在往後的課堂上陸續回顧他們所看到的，如此他們的觀察力會變得更

為敏銳。重要的是，在初始階段的算術教學中不要把力氣用在以花的結構來講授基數，而應該去教導結構數，或是塑造出花形以及晶體慢慢形成的創造性動力。讓我們來教導這種創造出形體的動力吧——大人們老是以數字來計算與分類形體，但創造形體的動力本身就存在於大自然中，純然地散放在各處，比任何計算或人類所能理解的任何形式都更早出現。

　　在孩子體驗計算之前，讓他們從大自然體會這種經驗是非常重要的。接著，想想早先第二章提到Pestalozzis的建言：

　　「能夠耐心等待直到一切成熟，是人類極佳的美德。」

# 4 節奏與數字

　　到目前為止，我們主要談論的是關於形體的活動，因而是屬於空間的範疇。接下來我們要進入時間的領域，並且加入強調拍子和節奏的新練習。

　　這兩個領域在每個班級都應該同時並重，因為無論班上人數多寡，總是有視覺型和聽覺型兩種能力取向的學生。不過，主要的重點是這些節奏遊戲將為倍數表[1]和許多其他數學關係奠定基礎。前文提到的練習是跟「基數」有關，而節奏則是與「序數」相關的。

　　最後但絕非最不重要的是，這種練習能滿足孩子某些最深層

---

[1] 譯註：一般會譯為「乘法表」。乘法是一種運算的過程，例如3×1＝3，是算術的四則運算之一。但本書是從活動與音樂的遊戲中引導出有特定節奏的一系列數字，例如2－4－6－8－10或3－6－9－12，其間的關係是「倍數」關係，但尚未出現乘法；比較後面的章節才會以不同的遊戲讓孩子體會乘法的過程。因此，譯者才把multiplication table翻譯成「倍數表」而非「乘法表」。

的需求，亦即體驗周遭環境的節奏，遺憾的是這種需求在當年是被忽略的。我們總習以為常地就將一天分成許多段落，例如工作時間、用餐時間、遊戲時間、讀書時間、安靜時間以及睡覺時間。這些其實是模糊而不確定的，其結果就是產生極度的不安全感，從而可能會讓人感到不安定與緊張兮兮。因此，為節奏的闡釋找出新的可能性就變得非常重要。而在與算術相關聯的領域中，理當要用最自然的方式來培養[2]，因為算術和節奏有著非常緊密但卻幾乎完全被忽略的關係。

數學與音樂是密不可分的。由聲學的定律就可看得非常清楚。眾所周知，有許多偉大的數學家也同時是音樂家，而他們也認為音樂啟發了他們的思想。在音樂中，人會不自覺地體驗到數學。

Leibniz[3] 便做了以下的闡述：

「音樂是心靈的數學習題，當中心靈並不知道自己正與數字打交道。心靈透過許多不明顯、不被察覺的知覺活動來獲取知識，這是一般的刻意觀察也難以察覺的。因自己意識未能察覺就否定心靈作用的那些人，其實是錯誤的。即便如此，心靈本身並不知道自己在計算，但不

---

[2] 譯註：培養與節奏相關的感覺。

[3] 譯註：Gottfried Wilhelm Leibniz（1646-1716），德國數學家與哲學家，與牛頓同時期但各自發明了微積分。

論如何它都會感受到這種不自覺計算的效應，不管這種
效應是和諧而愉快的體驗或是令人不安的雜音……。」

在學校裡，每當上聲學課時總是令人振奮的，像是六年級，
可以利用聽覺來找到一條弦的中點。當耳朵辨識出音調的八度
音時，手指頭就找到弦的中點了。發展良好的耳朵是可以很有
辨識力的，並且也很容易透過對已知區間[4]的聆聽來找到三分之
二或四分之三的部位。

然而音樂不只是涉及音調，同時也與節奏和拍子有關。就在
這個天地，孩子們期待著活動的展開，因為他們好喜歡活動他
們的四肢與身體。

如前所述，大人們老是覺得算術是與智力運作相關的學科，
從而會以為，要以孩子能接受的方式來教授便需要許多辛勤的
準備。這種情況所反映的，其實是我們自己而不是孩子——是
我們對孩子以及其各階段的型態轉變太過缺乏了解。如果能有
正確的認識，我們就會用學校的體育館作為算術課的開始，因
為算術就是從身體、手臂和腳開始的。

算術是從混沌當中開始的。所有的神話都告訴我們世界最開
始是一片混沌，然後宇宙秩序才一點一滴地慢慢形成。這也是
算術和數學形成的方式。並且越是從人們深層的內在啟動它的

---

[4] 譯註：弦的長度。

形成，其秩序的根基便越是穩固。

Leibniz知道這點。他能完全意識到，此一心靈深處所發生的過程對一個完整個人來說有多麼的重要；而同時他也意識到，身為一個完整個人的我們，只能認出真正自己的很小一部分。

Leibniz是人類最偉大的數學家之一。如果命運做了不同的安排，他也許會成為最好的游泳教練！因為此二領域中最重要的，都是要能充分了解，絕不能只注意水面上[5] 看得到的動作，水面下[6] 的動作對我們也會有重大的影響，會令我們時而歡愉，時而憂傷，即便這些是我們視野所不能及的，或者說，不容易觀察得到的。

孩子最初就是透過這種表層底下，不自覺地，以「不明顯、不被察覺的知覺活動」來體驗數學。我們的任務是要替這些最初的數學體驗尋找適當的教室，也就是適當的「游泳池」。那麼為何不能是，比如說，學校的體育館？

到達體育館時，再次手牽手圍一個大圓圈。一邊走動一邊逐漸學會以聆聽腳步聲來代替說話。

這種聆聽腳步聲的方式可讓孩子們逐漸以相同的節拍來行走。我們學習讓雙腳說得大聲點或慢一點，有時突然做出變化，有時則是緩慢地轉變。沒多久大家就能跟上老師的手勢。

---

5 譯註：表面上。

6 譯註：心靈深處。

有時老師舉起手，有時則將手放低，相當於用腳踏步，或者在地板上輕柔地行走。我們聽得出腳跟與腳尖的聲音。

但不是只有腳跟和腳尖──還有左右腳的分別。而且不只是往前走與往後走，還可以側向走！現在就意識到這些是很重要的，因為往後我們會用得到。

現在用左、右的區別來練習。右腳重重地踏步，左腳則輕輕地走。若是順時針走，則朝向圓心的部分是踏重步，而外緣方向則是輕踏步。此時展現的「音樂」與先前所聽到的大不相同。聽過這兩者之後，我們便可了解有兩種「旋律」。

我們也可以在某些時刻，變成原地踏步來演出相同的旋律。一開始先向前走，得出所要的旋律，接著在某個特定訊號之下改成原地踏步，並試著保持聲音不變。透過這種方式我們學習聆聽。然後請一個學生站到圈外背向圓心，並要他聽聽有何差異。此時我們必須更為小心才能做得完美[7]。

接著我們全都轉向圓心，並以這種重／輕、重／輕的節奏在原地踏步。這比較困難，因為我們不能再跟著對面的同學做動作了。所看到的畫面似乎反而與自己的動作相反，但其實他們的動作與我們自己的是完全一致的。在圓圈中面對面並不容易，但其實這與每次握手的情況是相同的，雙方使用的都是右手。

---

7 譯註：做得完美才能使「行走」與「原地踏步」兩種旋律聽不出任何差異。

此時很容易發生混淆。用眼睛環視整個圓圈的動作也會非常有趣，目光從一人慢慢轉移到下一人，對面的人動作與自己相反，到鄰近的人時卻與自己完全一致。

最後我們來試試最困難的動作。腳的動作與先前相同，但這回一次只有一人動作：第一個孩子踏出輕／重的腳步，之後由鄰近的孩子接著做，直到整圈繞完。看著其他人踏步時，要孩子站著不動並不容易，輪到他時通常都會踏得太快，因而聽起來錯誤百出。慢慢地，大家都能做對了，最後，想都不用想也能做得很好。旋律本身會告訴腳該怎麼做。

我們可以在第一個聆聽節拍的遊戲中加入數數的練習。總是有許多孩子在入學前就會數數了，而數數沒那麼好的孩子在這個遊戲中很快就能跟上。從數到10開始，每走一步數一次。數到10的時候停住，並以雙腳同時跳一下。這和我小時候玩的遊戲一樣，我們數的是10－20－30－40……到100時便向後跳進海浪裡，克服了對冰冷海水的恐懼。數到10時我們雙腳同時著地，並得意地注視著彼此。我們也可以在數到8的時候停住，但這比較困難，因必須預先知道8的到來，而這通常比想像中來得更快！

5則來得更快，不過當我們熟練後，便可試著倒數，數著5－4－3－2－1。一開始這會很難！雙腳彷彿被凍結了，就像下樓時在猶豫一般。最後我們都會抓到要領，之後可能會有人多走一步並數出「0」。這無妨，可以試試看，與前面相同，在數到「0」的時候雙腳同時跳躍。

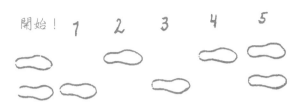

最後大家都能做到了。老師一說「開始」，孩子們便隨之動作：

開始！1－2－3－4－5　　5－4－3－2－1－0

稍後我們會回到「0」與「開始」這兩個動作。

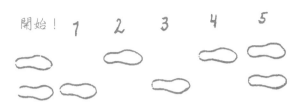

學會數到10後，接著是較為困難的動作——延伸到20。但如果能再次讓孩子們踏步走時熟悉這些生字，並配合數數的節奏，一年級的孩子也很快就能很確定地數到20。英語和德語的10到20比丹麥語容易。如果同時把語文課程帶進來，讓孩子體會單字各部分的發音，並講解拼字，孩子很快就能連接2與12、3與13、4與14等的關係。有些單字可能尚不容易了解，但是在

腳和節奏的協助下，遲早都會了解的。

　　孩子們現在能一個接一個不間斷地說出許多數字了，他們會感到高興與自豪。這是在數出一系列數字時的奇妙經歷之一。七歲孩子說出來的許多話，有些大人認為對，有些大人則覺得不對。完全一樣的話耶！同樣的一件事，有些大人會搖搖頭並立即打斷，有些則面帶笑容點點頭以示鼓勵。然而數數就不是這樣了。一旦說對了，每個人都會點頭認同，對此人們是不會有意見的。如果像我們在學校那麼常聽孩子數數，大家可能會覺得厭煩，但聽一次應該都是樂意的。而如果他們真的打斷，也不是因為我們說錯了什麼，而是有其他的原因。

　　序列數數是孩子生命的基本體驗之一，每個人都會在某個時間點享受純粹重複大聲數的樂趣。這是因為孩子能在重複的事情與體驗中獲得滿足。數數與重複數數有著共同的基礎。我們都知道好奇心會驅使孩子一直問問題，問到荒誕不經，最後因為我們疲於應付而讓他們打住，但他們永遠能繼續問下去。甚至小孩自己也可能不喜歡繼續重複下去了，卻不知如何停止以跳脫自己的遊戲。數字的情況則有所不同，因為在數字的世界裡是不會以荒唐作為結束的。不可思議的是，只要有足夠的精力，我們可以一直數下去卻不致脫離現實。每當我們說出一個數，其實事先就已經知道其後的一個數字正等在那兒。我們甚至知道它是多少。當我們真的說錯時，不只那些少數愛挑剔的人會糾正我們，那些和善的人也會來糾正。所做的糾正總是完

全一致，不會有任何不一致出現。在算術中不會有爭論。如果有人一時無法理解某些特定事物，他往後還是會了解的——如果他付出努力的話。一個人的理解會對應到其他人的認同，不是經過投票的認同，而是經由努力學習所獲得。

其他國家的人可能會以不同的名詞來稱呼這些數字，而聽起來也會不一樣，但不表示他們不認同我們。在他們和我們文字的背後有著相同的真實數字——兩者的表達方式不同，意思卻一樣。「真實」是很弔詭的，我們以某種形式參與其中，但它的另一種形式卻又與我們完全分離。

每個孩子的內在都有這種直覺，在吟誦數字並自然地生出愉快感覺時，其背後所憑藉的，是一種安全感的泉源，而這種安全感是來自我們所一致認同的真實知識。這種真實不會強加在我們身上，而是能被我們接受的，因為我們知道，由此所展開的，是唯一一種可長可久的自由，因為它絕不會違反他人的自由，也絕不會有不一致的結果。

因此，就讓孩子們數數、數數再數數！此處他們首度有機會有意識地接觸到無限，這種經驗是在建立生動、實用及正確的數學觀念時最重要的步驟之一。

孩子能藉由數數來認識十進位系統，進行的方式則有無限多種可能。如果以孩子對語音的愉快體驗為考慮重點，便可採用以下「數字小精靈」的遊戲來進行。

「數字小精靈」有兩項要點。首先在地板上取一直線作為數

字線，其上標註個別數字，並在10的倍數標註特大號的數字，也可用不同顏色來表示。

另一項要點是選一個學生來當「數字小精靈」，要他跑或走在地板的數字線上，同時大聲唸出走過的數字。在他數到10之前每一步都踏在數字標記上。數到10時稍做停頓，而就在他再次繼續數的同時，另一個學生也從0開始數，兩人同時大聲唸出數字。大家能聽出兩人所唸的差異，也能感到明顯的相似之處。無需對十進位系統多做解釋，該系統的節奏特性便可以比其他任何理論的方法更能進到孩子的深層內在。若找兩個孩子，一個從0、一個從20，並同時開始數，就能看得更明顯。或者找四個孩子分別從0、20、30、40同步開始。這種方式，尤其是讓四個孩子齊聲唱數時，能讓孩子體驗十進位系統的結構。最後，可加進第五個孩子，讓他從10開始數，如此便能體驗10到20這個區間的特殊性質[8]。

在第一年的稍後階段，可以讓學生站在10－20－30－40等處，並要一個「數字小精靈」從起點開始邊數邊走：1－2－3－

---

[8] 譯註：在英文的數字結構中，10到19的發音與其他從20到99的發音規則並不相同。從20到99的數字，其發音正好可對應成「二十一（twenty-one）、二十二、……九十一、……九十九」，也就是說，發音可以直接反應出十進位數字的結構；但是10到19的數字唸起來就無法直接對應成「十一、十二、……十九」；而下一段所述的遊戲，在孩子感受發音與數字結構關係的過程中，也聽出10到19與其他數字的結構差異。

4等。當他到達10的時候，與等在那兒的朋友手牽手，這位朋友說出「10」、「數字小精靈」說「加0」。接著他們一同前進，到達11時，那位朋友再次說出「10」，而「數字小精靈」則補上「加1」。在12的位置聲音聽起來是「10」「加2」，然後是「10」「加3」、「10」「加4」等等。對孩子來說這聽起來有點怪，但他們知道這一定是對的！這樣一直做到20，數字10把「數字小精靈」送到20處，等在那兒的學生說出「20」，而「數字小精靈」則說「加0」。他們兩人接著一起繼續走，而數字10則回到他原先的起點，看看有沒有新的「數字小精靈」走過來。結果沒有，於是他開始觀看數字20處發生的事。此時「數字小精靈」已經向前走了一步，可聽到「加1」的聲音。這次不僅他說對了，而且聽起來更好──幾乎是平常我們說出數字的方式。這樣可以一直進行到100。

回到10與20之間。現在我們知道11就是10加1，12就是10加2，諸如此類。現在有可能來聽聽實際的數字了，例如16，我們可以聽到數字6，而其後的 "teen" 必然就是 "ten"（10）的意思。往後這就很容易聽得出來了[9]。

理解是較後面才出現的，這就是應有的學習方式。首先要有活動，然後才是理解。先知道「如何」，再了解「為何」。

---

[9] 譯註：英文的16唸成six-teen，當中six是6，因此可推測teen就是10，而實際上英文中的10就是ten。

　　往後必然會對孩子講解座標系統，而如果老師能與孩子們一起回想曾經共同玩過的「數字小精靈」，就會有非常大的助益。他們會想起從10之後「數字小精靈」就再也不是單獨一人，這對應到一個事實，大於10的數我們會以一個以上的數字來表示。稍後的日子可以和孩子們一起討論，如果繼續一直玩到超過100的話，遊戲會變成什麼樣子。大概最好能把遊戲修正成讓站在10的孩子繼續走到100，而不要每隔10就站一個孩子。到100時他會遇到第三個人等著要繼續。想像一下這遊戲的開頭，大概會是像下圖的樣子：

三個孩子正準備要練習十進位系統

　　以這個簡單的遊戲為起點，就能夠闡述許多數字的現象。我們剛才僅試著指出，從某個點開始，「數字小精靈」就不再是單獨一人。因著他所處的位置，他就必然會與另一個人「綁」在一起。這樣的連結是必須要強調的。例如，可以要孩子們勾住手臂，或是用一條紅絲巾把他們「綁」在一起。他們只有在

倒著數回到10以後才能解開[10]。

　　除此之外，還有另一個可達到相同目的的遊戲如下：

　　在地板上畫出標註到 100 的數字線，每隔 10 標註一格。第一個學生用很小的步子一步一步算到 10，在 10 的位置他會暫時遇到另一個小精靈，而這個小精靈也是從 0 出發，走一條長弧線到 10，同時把數字 1 的音拉長著說「1 ── 」。他說的 1 要與第一個小精靈唸出的 10 同時結束，所以第二個小精靈代表的是十位數。當第一個小精靈快速地繼續數向 20 時，代表十位數的孩子也沿著第二條大弧線走到 20 並拉長聲音說出「2 ── 」。就這樣繼續下去。第三個小精靈要沿著更大的弧線走向 100，而其說出的 1 要拉得很長很長，因為只有在與另兩位小精靈在 100 相遇時，他所說的「1 ── 」才同時停止。所以他依自己的步幅單位（就是100小步）走出了 1 步，第二個以 10 為單位的小精靈則依自己的單位走了10步，另一個小精靈則以自己的單位走了 100 步。

---

[10] 作者註：在丹麥語、德語或某些把20、30、40等十位數倒著唸的語言中，例如唸成一加二十、二加二十、三加二十等，遊戲就應該做適度的修正，讓「數字小精靈」先唸出個位數「1」，再由20的孩子唸出「加20」。

手指頭能對應到十進位系統──反之亦然

　　現在必須把這樣的型態轉移到以十、百為單位的數字書寫系統。其中一種方法是在地板上畫三條平行的數字線，並讓三個假裝睡著的學生分別在第一條線的1、第二條線的10和第三條線的100上。現在叫醒1的學生，讓他沿自己的線走並叫醒在10上的學生，接著他們一起並行走，到達100時叫醒這第三個學生。距離必須要大致維持正確的比例。走的過程中，每人都應該有一疊數字牌，一邊走一邊翻動這些數字。這樣的意義在於，當兩人逐漸走近大家時，大家也同時能看到兩人身上的數字。無須困擾哪個數字在左、哪個在右，因為大家都能清楚看見代表個位數的珍妮在右，代表十位數的約翰在左[11]。同時大家也能看

---

[11] 譯註：在下頁上圖中，其他觀看的學生若站在三條數字線的右端點處，則所見到的就是個位數的珍妮在自己右邊，十位數的約翰在自己左邊。

到，珍妮忙著翻號碼牌，約翰則時間充裕。而不論珍妮或約翰
誰顯得比較忙，其忙亂的模樣是令人印象深刻的。如果整個活動
只是停留在「想」的層面，第二天就只剩少數孩子能記得了。

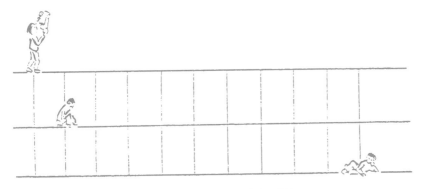

以三條數字線構成的座標系統

　　另有一種只用一條數字線的方式來展現座標系統。是讓孩子
從右到左沿數字線面向大家側著走，並將號碼牌拿在前頭。接
著與之前方式相同，到達其朋友處時叫醒他，並以右肩推著朋
友往前走。如此，學生排列的位置與所對應數字的書寫位置便
會相同一致。

以一條數字線構成的座標系統

　　現在讓孩子們圍一個圓圈，面對圓心數數，每個人唸出自己的數字。孩子已經知道班上有多少學生，如果沒人缺席的話，會知道結束的數字。如果問他們自己的數字是多少，就會發現只有少數人能記得。他們已經將自己以某種方式融入了吟唱的整體而成為其中一部分，因而並未察覺自己個別的位置。如果讓大家重新來過一遍，每個人就能記得自己的數字。然而這回數數的節奏反而消失了，因為每個人已經察覺到自己所屬的數字。

　　現在可以根據特定的數字關係用手指著學生請他們回答自己的數字，例如5－7－9－11－13等。一旦繞過一圈，孩子們就能把這個數列繼續唸下去，就好像班上多出了許多學生一樣。若以2－4－6開始相同的嘗試，就能讓孩子明確聽到2的倍數表（雖然目前尚未教到）。我們也可以進行像1－3－2－4－3－5這種數列的練習，一開始先唸出規則「向前兩個，退後一個」，並依序指在這些特定學生的身上。要不了多久，不再用手指也能讓數列繼續唸下去了。孩子們會覺得，以他們的眼睛和耳朵可在數字世界獲得很好的方向感。

　　在另一個練習裡，讓10個孩子圍成一圈，其餘的人在旁觀看。這回我們要數到30。事先就讓學生們知道，他們有好幾個數字要記，因為不會只繞一圈。

　　多練習就會進步，抓到訣竅時每個人都能說出自己的數字。

　　例如，彼得是什麼數字？嗯，彼得的記性很好，所以答出

3、13，然後是23。

　　喬安的數字呢？她是9、19和29。

　　約翰呢？約翰的記性較差，注意力也常會到處轉移，但除此之外他是反應快的孩子，所以他馬上了解自己是7、17和27。

　　當大家依序重新唸一遍，約翰顯然真的是7、17和27。他突然變得非常專注，即使唸三圈要花滿久的時間。他從來沒這麼專心過！

　　第二天讓同一群學生做相同的練習，大家都知道結果會是什麼。但這回老師也加入圈子中，因為老師也想玩。老師讓自己站在7和8中間。約翰立刻知道有些事將會改變。第二圈之前他就知道是怎麼回事了，輪到他說出自己數字的時候，他破壞了原有的節奏。這次唸出的是18，沒多久他就低聲對左邊的同學說，下一個數字會是29。

　　當老師聽到其他學生唸的數字時（1－12－23、5－16－27等），便又趕快換到6與7中間，然後遊戲重新開始。除了約翰和老師自己以外，沒有人注意老師換位置了。而他也趕快把遊戲結束，好讓約翰能靜下來[12]！

---

[12] 譯註：在一圈只有10個人時，第五個孩子唸出的數字是5－15－25，當老師站在7與8之間使人數增為11人時，第五個孩子唸出的數字變成5－16－27。由於約翰是班上一個反應很快的孩子，而且老師已經觀察到約翰看出老師加入後的規則了（約翰已經預測他這回將要唸出的數字是29）。但是當5－16－27唸出之後老師快速轉換到6與7

　　純粹數數以及由數數以某種方式所衍生的遊戲，在一年級的課程裡應該占有相當大的分量。即使之後孩子已經對自己很有把握和自信，而且也已經確實了解數字系統的運作，這樣的想法依然是對的。最佳的遊戲是從站成一圈或繞圈移動開始的。這種遊戲與時間是無關的，因為遊戲者是站在一條沒有起點與終點的線上；而且圓圈能夠有很多種轉換的可能。這兩項特性在數學裡都非常重要。

　　然而，若我們置身大廳的一長列中，也會有很多種可能性。例如，10個學生一個接一個排成一排，從1數到10，每個學生對應一個數字。當最後一個學生唸出10時，馬上跑到最前頭並說出1，其他學生繼續數到10。當下的最後一個再次跑到最前面並說1，這樣持續下去，直到最開始的第一個學生變成最後一個並唸出10。這個遊戲通常不算困難。隨後學生能體會到，這列數字，亦即1到10，會重複許多次，而且每個人都會經歷到，只不過速度非常慢而已（以後可以告訴他們速度比直接從1數到10慢了10倍）。不過，對每個人來說都是不同的，因為不會有人唸出相同的順序。整個緩慢的過程中，第一個孩子唸出的是：

---

中間時，老師的位置從約翰的後一位換到約翰的前一位，因而變成老師唸出29，整個遊戲並沒被破壞，只是約翰原本預期要唸出的29被老師搶去了而已。

$$1-2-3-4-5-6-7-8-9-10$$

第二個孩子：$2-3-4-5-6-7-8-9-10-1$

第三個孩子：$3-4-5-6-7-8-9-10-1-2$

第四個孩子：$4-5-6-7-8-9-10-1-2-3$

第十個孩子：$10-1-2-3-4-5-6-7-8-9$

我們遲早都得讓孩子們把數列從頭到尾寫下來。當中有許多規則，而孩子們則樂於在這類數列中尋找這些規則並發現新的世界。

隔天，可讓孩子們一起大聲唸出第七個學生的數列，也就是：

$$7-8-9-10-1-2-3-4-5-6$$

唸到 6 時他們嘴巴就會緊緊閉上，表示他們知道 7 不可以重複唸出來。在沉默時刻老師馬上要求孩子想像一下，如果有 12 個學生，那麼第四個孩子的數列是什麼？

孩子們會一起大聲回答：

$$4-5-6-7-8-9-10-11-12-1-2-3$$

如果孩子們累了，就可以玩另一個遊戲。問他們累不累，也許會有三個人回答不累，就叫他們三人到前面來。問一下全

班，3個學生可以數到多少，可能的答案是「3」。然而如果第一個學生唸完1之後，能跑到最後面去（如果數得夠慢的話），他就可以在前面的孩子唸出2和3之後接著唸出4。同時第二個學生趕快跑到最後面準備唸出5，如此繼續下去。

　　遊戲開始後全班都會全神貫注。累了的孩子也會忘記疲憊，在興奮當中跟大家一起數，看看能夠數到多少。為了避免混淆，每唸一個數就拍一次手是不錯的主意，確保穩定、緩慢的節奏，以便在超過20時有足夠的時間唸出較長的數字。最後大家都真的累了就可以停下來。

　　再另一天，如果大家又跑累了，就可在教室內展開學生與老師的數字對話。

　　老師給個數字或數列，學生就以相同數目的數字接續這個數列。

<br>

老　師：1－2－3

學　生：4－5－6

老　師：7－8

學　生：9－10

老　師：11－12－13－14

學　生：15－16－17－18

老　師：19

學　生：20　……

節奏與數字　CHAPTER 4

對話可以用不同的聲調、速度和音量來進行。如此就會變成有戲劇效果的對話，孩子會喜歡。孩子們展現的可以是擔心、沒耐性、暴躁、慵懶甚至漫不經心的效果。也可以讓孩子們模仿老師滔滔不絕的模樣，以活潑生動的聲調回應老師的吟唱。

或者也可以每次都取數目相同的數字。這樣會容易些，同時我們已經在不知不覺中開始探索倍數表了。

老　師：1－2－3

學　生：4－5－6

老　師：7－8－9

學　生：10－11－12 ……

然而目前還沒教到倍數表，即使真要開始教，也不該在教室裡，而是在體育館，或是另一間大的空教室。

CHAPTER

# 5 倍數表

　　大家常說倍數表是既抽象又枯燥，不過它卻也能帶來許多活動和樂趣。

　　大人在日常生活中有許多地方是需要用到倍數表的，由於我們大多已忘記孩子真正的需求，因此會把自己的需求加諸在孩子身上。我們教倍數表的方式正如同做麵包卻不用酵母一樣！做出的麵包變得又小又乾，需要很多口水並努力吞嚥才能下到肚裡。

　　因此，讓我們換個方式，轉換成肢體的活動和節奏，從數學中的音樂成分開始。再次讓孩子們站成一圈並朝順時針方向行走，每走三步便以雙腳跳起來，左－右－跳，左－右－跳。有過之前的訓練，孩子們很快就能走出3/4拍的節奏，而如果節拍穩定，他們或許就可以開始唱：

<blockquote>
我的愛人（Oh my darling）<br>
我的愛人（oh my darling）
</blockquote>

　　　　我的愛人，（oh my darling,）

　　　　克莉蒙泰，（Clementine,）

　　　　妳已離去，（you are lost）

　　　　永遠消逝，（and gone forever,）

　　　　我的愛人，（oh my darling,）

　　　　克莉蒙泰！（Clementine!）[1]

或是唱其他有名的3/4拍歌曲。對多數老師來說，此時的問題是要在正確的時間開始唱，使跳躍的動作能與正確的音節配合，在這首歌曲中就是「愛人」（darling）中的「愛」（dar）。

　　現在來試試稍微難一點，但對身體來說卻是更為自然的動作。孩子們現在走的步法是左－右－跳，右－左－跳，亦即他們的腳會有動作的交替。每個節奏都有其特質。孩子是先體驗這些特質才認識數字的。特別是當轉換到4/4拍子時體驗更深；這是個等著我們去發展的全新世界，每個作曲家都知道。這兩種節奏是全然不同的音樂表情。

　　這回我們走的是左－右－左－跳，左－右－左－跳的步法。跳起來後也可以改變左右腳的順序，但是並不容易跟上，不像3/4拍子那麼自然——甚至可能會覺得是走錯了。

　　這兩種節奏需要練習很多次才能進入實際的倍數表。首先，孩子們要能真正體會到「音樂」，就是節奏的不同情感。隨

---

[1]　譯註：即童謠「小小姑娘」之旋律。

後，讓數字自然地從節奏中產生。這只要把數字套進節拍裡取代歌詞就可以了，例如：

$$1-2-3 \quad -4-5-6- \quad 7-8-9 \quad \cdots\cdots$$

跳躍的時機在　　3－6－9 等處

經由老師的協助，情況會變成：

「開始」　1－2－3－4－5－6　……

「開始」一詞非常重要，稍後會再談到。

　　如果繼續數到30，數字會變得比較長而且繞口。於是我們決定只在跳躍的時候才大聲唸出，而其間的數字則用默唸的：

$$(1)\ (2)\ 3\ (4)\ (5)\ 6\ (7)\ (8)\ 9 \quad \cdots\cdots$$

唸出的數字是　　3－6－9－12－15　……

　　雖然我們嘴巴有時會閉著不唸，踩在地板上的腳卻時刻都在出聲。我們的腳在這些數字之間做出很好的連結，使我們能了解倍數表是怎麼回事。

　　關於音樂，有人說，最重要的並非實際的音符，而是我們的心靈從一個音符推進到另一音符時所做的事。音符就像路旁的里程碑，但我們實際上是走在里程碑之間的道路才能一直前進。事實上，是那些無法被聽見、位居我們自身的內在活動，

造就出我們外在所作所為的真實內涵。

倍數表也是一樣，我們所體驗的並非數字，而是數字之間等著我們去發掘的空間。是這些空間給了每個倍數表獨特的特性，而我們的腳則協助我們去了解這些特性。

如果只教孩子們3－6－9等數字，就好像只告訴他們波士頓與華盛頓之間的里程碑一樣，根本不叫做地理課！

思想可以在空間中跳躍，但雙腳則不行。不過，雙腳卻可以是丈量區間的工具，而孩子正是生活在這裡。

問題的核心在於要引領孩子去體驗這些區間。這是往後學習邊界所在位置（也就是數字本身）的正確方法。

再次回到4/4拍節奏，這回唸出數字，並且每四個數字跳一次：

1－2－3－<u>4</u>－5－6－7－<u>8</u>－9－10－11－<u>12</u>　……

隨後我們只在4－8－12等處大聲唸出，但仍然繼續走，以有效維持數字的間隔。很快大家就能清楚感受到，唸出數字的間距比較長了，所以必須比維持原有節奏更為專注。不過這仍然很簡單，而我們也開始覺得雙腳幾乎可以自己行動。

從4拍變成5拍就遇到困難了。走走看並依下列方式大聲唸出：

1－2－3－4－<u>5</u>－6－7－8－9－<u>10</u>　……

　　如果你自己也下來玩，請設法忘掉5的倍數表。大人們都知道在5－10－15－20的時候要跳；但孩子們卻不知道這個數列，所以他們學的是節奏，而這個節奏並不容易。切記，孩子成長過程只有很短的一段時間能有機會以純粹節奏的方式來體驗這種節奏，因為5的倍數表實在太容易記了。

　　6的倍數表比較容易，因為可將之分為3加3。我們並不需要跟孩子解釋這些，他們只是單純覺得變簡單了，或者，也許是他們的能力變好了。6拍子可以很容易就分成兩部分，就像六角星形一樣，是由兩個分開的三角形所構成，因而無法用鉛筆將之一筆畫出。此處2與3的合作變得很明顯。3拍節奏很容易掌握，我們可以運作兩個3拍節奏，一個接續一個，如同兩個三角形互相搭配一樣簡單。這是第一次孩子們體驗到兩個數字的合作，在這短短一瞬間，他們瞥見了全新的世界。

　　這也提醒我們，2的倍數表被略過了，但這可以很容易地從圓圈中學到：

左－跳－左－跳 ……

或者更好的是：　　左－跳－右－跳－左－跳 ……

接著是：　　　　　1－<u>2</u>－3－<u>4</u>－5－<u>6</u> ……

最後結尾的是：　　(1) － 2 － (3) － 4 － (5) － 6 ……

現在，我們要首度將圓圈分開。一些孩子手牽手站在教室一端，他們一起走向教室另一端並唸出2的倍數表：

$$(1) - 2 - (3) - 4 - (5) - 6 \quad \cdots\cdots$$

他們當然會在20之前就已經達到對面牆壁了，而我們要學習超過20的數字，因此得回到原位置以較小的步幅重新來過。最後我們找到正確的步幅，10的時候走到房間一半，20的時候到達對牆。

接著我們可以用3的倍數表來做相同的練習。這次更困難了——或許該到室外找個其他班級看不到的地方！

接下來是4的倍數表，然後是5的倍數表，最後是6的倍數表。最後這個6的倍數表很難以此種方式來行走。另一方面，我們可利用手的齊一動作來達到默唸的效果。看到排成一整線的同學同時向前跳躍時，孩子們會感到很開心。我們可以注意到，在默唸的時候，會有比較長的吸氣、許多行動的控制會比較好、孩子間的互動也較密切。

不過，現在我們要回到2和3的倍數表。在地板上畫一條長長的線，並以小短線分成一格一格，每格大小與步幅相當。或許並不需要這條長線，但畫線是以防萬一，因為接下來要試的動作真的很難！其實以後才會需要做這個動作，但因班上大家都很聰明，所以現在先來試試看。

兩個孩子站在線的起點，分別在線的兩側。開始的時候兩人

不用牽著手，其中一人邊走邊大聲唸出2的倍數表，另一人則唸3的倍數表。很快他們就能抓到要領並做得很好，於是他們就牽手試試看。不容易喔！幸虧他們是好朋友，所以都盡可能不讓對方出糗。如果能用6－12－18－24……等數字來幫忙，他們就能保持和諧了。他們可在這些數字一起跳躍，而在以下的數字中

$$2-3-4$$
$$8-9-10$$
$$14-15-16 \quad ……$$

他們幾乎會把對方的手扯下來！不過，在努力集中精神後，他們讓整個節奏繼續下去了。2的倍數表是最難的——事實上有兩倍難[2]！

在下頁的上圖中，兩短線代表跳躍，一短線則是一般的行走。當中可看出這兩個孩子之間有著和諧與紛亂的節奏交替。在進行順暢之後，若仔細聆聽，便可聽出由兩個曲調所構成的一種新旋律。兩個不一致的節奏產生了更高層次的統合。

---

[2]　譯註：上列舉出的三排數字，原本是一人要跳而另一人不跳的數字。當中可算出，「2跳3不跳」的數字個數為「3跳2不跳」數字個數的兩倍。依據自己的節奏該跳而不跳，對孩子們來說是困難的。因此，兩人牽手時2倍數表所遭遇的困難是3倍數表的兩倍。

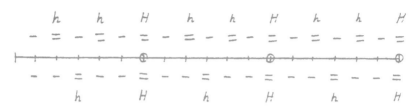

我能數，我能跳，看我數，看我跳

　　經過這次把圓分開之後，我們回到原來的圈圈，並手牽手構成一個美美的環。站定後，我們從運動開始，大家一面數數一面讓雙手前後擺動。這樣可以看出2的倍數表浮現出來，特別是當雙手往後擺時正好不唸出聲音的話。從上往下看會非常好看，尤其如果孩子們不要靠得太近的話。

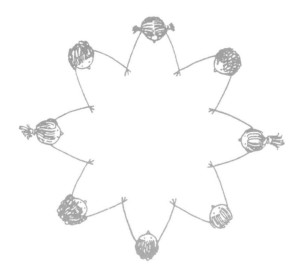

活動從上往下看的樣子

　　現在要問，能否讓雙手像走路一樣一前一後地擺動？試試看吧！首先讓大家把手放開，並像走路一樣開始擺動雙手。大家都以相同的方式擺動——都是右手在前左手在後，然後交替擺動——很快我們就在原地走路了，不過只有手。很顯然我們不能牽住手，只能在與鄰近者的手交錯時拍到他的手。因此，如果要牽手並達到和諧的話，鄰近者的動作必須和自己相反。此時某些學生就已經開始想到奇數和偶數了。我們現在以實做而非理論的方式來為孩子說明。例如選出五個孩子，並要他們圍成一圈。其中一個開始右手前左手後地擺手，兩旁鄰近者的手則做反向擺動加入其中，並牽住第一個孩子的手。接著讓剩下的兩個孩子以相同方式加入時，卻發現沒辦法圍成一個圓圈[3]。五個孩子沒辦法玩這個遊戲。

　　試試看六個孩子，可以玩了，但七個孩子又遇到相同問題，於是趕快變成八個孩子。突然間，我們發現2的倍數表裡面的數都是能用的。這些都是我們稱做「均勻數」[4]的數，大家會覺得名稱取得很好。其他的數叫做「怪異數」[5]，而這也是個好名稱[6]！

---

[3] 譯註：因為最後兩個孩子加入之後，其手的擺動方向相反，無法將手牽在一起而構成完整的圓圈。

[4] 譯註："even" number就是數學中所謂的「偶數」。

[5] 譯註："odd" number就是數學中所謂的「奇數」。

[6] 譯註：譯者之所以在此將數學中的even number與odd number分別翻譯成「均勻數」與「怪異數」，而非正式的數學名詞「偶數」和

體驗偶數最好的方式就是數數時雙手一前一後地擺動。不管大家是否牽著手，都能有很好的體驗。自己試試看，你會認同孩子所說，不只看起來很棒，實際做也很有趣。

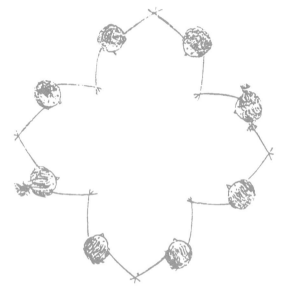

手臂如走路一般的擺動

「奇數」，是因為在英文中even和odd的原意確實是「均勻」與「怪異」，而這個原意也確實就是這兩種數的特性。對於還不知道什麼是「偶數」和「奇數」的幼小孩童來說，這種名稱是比較貼近數字的本質與孩子學習上的需求。

　　同樣地，試著想像由上方朝下看這個遊戲，並讓孩子以慢動作進行。身為大人我們很容易便能做得到，但孩子對四肢卻是比內心還要有感覺的。

　　隨後讓孩子們再做一次這個練習，並問問他們非均勻數（奇數）的情況是否能玩。很快他們就會發現，只要稍做修正，也是可以玩的。只要一個孩子的手同方向擺動就可以了，於是他就變成兩個鄰近者之間的「誤失鏈結」。我們也可以在另一個位置加進另一個「誤失鏈結」[7]，遊戲就出現了新的風貌。事實上我們又再次成為均勻數（偶數）了，其實也就不再真的需要這些「誤失鏈結」了。

　　下個練習我們再度圍成一個圓圈。一個孩子舉起左腳向前走一步，接著右腳也往前一步，同時唸出「1－2」。下一個孩子以同樣的方式向前走並唸出「3－4」，一直進行到每個孩子的腳都輪過一次為止。第二輪時，我們以頓腳來強調第二拍，於是2的倍數表就出現了。同樣的方法也可以用在4的倍數表，不過這回是每兩個孩子的第二個在他的第二拍頓腳。這個比較難，有些孩子不屬於4的倍數表，卻會在向前走的第二拍時頓腳。不過真正困難的是想把3的倍數表運用在同樣的遊戲。孩子們要花一段時間才能發現，問題出在我們是兩隻腳的生物，卻試圖以雙腳打出3拍的節奏。有些孩子完全不頓腳，有些孩子會

---

[7] 譯註：加一個孩子進去。

頓右腳，有些會頓左腳。鄰近者的腳會本能地想來幫忙，正如同會開車的人坐在後座時，腳也會向前踩煞車一樣。

這個練習會為全班帶來許多樂趣。人數少時也可以試試看。只有 3 個人時，玩 3 的倍數表會覺得枯燥，2 或 4 人就有趣多了。

所有這些練習都可稍做修正，使坐在座位的孩子也能玩。例如 3 的倍數表，可採取強拍時拍手、弱拍時拍桌子的方式。一直玩到 6 的倍數，所產生的節奏都很明顯，即使孩子們之前並未真的學過倍數表。

超過 6 這個數字之後就需要輔以其他方法了。本質上，加深孩子對倍數表印象的是聲音，而不是他們心裡記住的一列列數目字。讓他們能用心去學習是很重要的，但用什麼方式達到此目的也同等重要。

另一個同等重要的是，這種學習方式應該反映在孩子的書本上，也就是透過視覺的方式。隨後（在第七章）我們會回到這個議題，同時也探討學習高階倍數表的最佳方法。

目前為止，我們尚未談到這種練習應該安排在課程的哪一階段，或是其順序的安排。每個老師依其經驗都會知道採用某些特定練習的「正確」時機。許多時候，所謂「正確」取決於老師對教材順序的選擇以及其採用的書籍。作者本人在華德福學校教學多年，一直跟隨校方的哲學與自己的信念，從來就不用印好的算術課本，而是根據不同年齡班級的需求訂出自己的方法。有件事作者覺得非常重要，每月的課程不應該讓一個數年

前就把書寫完的作者來決定（即便那是一本好書），如果這個作者對班上每個孩子每天的需求一無所知的話。

想要在此把每個練習的採用順序或特定時程表定出來也是不恰當的。必須由老師為他的班級把脈之後才能決定適切的時程與地點。在了解這些之後，顯然特殊的練習也應該能被自由地修正，以適應個別班級和場合的需求。

因此，對於前面所提的以及後續要談的練習，請務必只是將它們看成可以採用的建議或提案，而在採用之後，要將之以各種可能的型態來展現，使班級能夠動起來。特別重要的是要記住，這些是為孩子創造出來的。這些孩子來到學校所懷的期待是獲得一個老師，並非獲得一本書，而這卻是經常發生的事。對於年幼的孩子來說更是如此，尤其是在算術這門學科。

值得一提的是，算術是一種容易困住我們，並創造出含糊論點以滿足大人智能需求的學科。然而從算術的本質來看，它其實是一種能夠鼓舞孩子肢體活動的學科，而這些肢體活動在孩子意志的發展上所扮演的角色，不僅是孩子需要的，同時也是與孩子意志發展的路程完全一致的。

# 6 再談倍數表 ——
## 數字之間的關係

　　稍早我們曾以例子說明2和3之間的關係。現在要更深入這個議題，並將之與幼童班級的教學需求相連接，這在算術當中是非常重要的部分。

　　當班上孩子已經學會最初的幾個倍數表之後，可再度前往體育館。12個孩子圍成一圈，並讓他們的右手伸向外圈。數字小精靈走在外圈，每逢3的倍數便拍一下孩子們伸出的右手。每當他唸到3的倍數時便稍做停頓，被拍到手的孩子就蹲下來。班上其他人扮演「唱詩班」的角色，吟誦3的倍數表。通常3的倍數表要用3/4拍子來進行，但這個練習最好用4/4拍子，如此可有兩拍的時間讓孩子坐下或蹲下。

以4/4拍子做3倍數的練習

　　數字小精靈繼續繞著走，沒多久四個孩子蹲下了。大家會覺得圓圈的樣子看來不錯，他們會認出這是之前遊戲已經創造出的圖形。

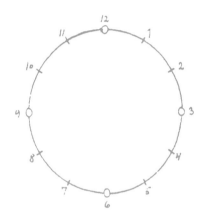

只有4個孩子會坐下

　　當數字小精靈繼續走，會再遇到剛剛蹲下去的孩子，這次讓他們站起來──所以都是同樣的孩子在動作。這會讓其他人覺得枯燥，所以得試試其他倍數表。

　　練習4的倍數表時，唱詩班要唱出5/4拍的節奏[1]，很快地三個孩子蹲下了，這個圖形也是先前練習中曾經出現過的。

───────────

[1] 譯註：前面段落提到，被拍到手的孩子要增加1拍才有充裕的時間（2拍）蹲下，因此4的倍數表需要增加1拍變成5拍。

當數字小精靈再次經過蹲下的孩子時，也請他們站起來。這次練習有新的孩子可以被拍到手[2]。不過遊戲還是很快就令人感到乏味了。

現在換5的倍數表上陣了，這次會發生令人驚奇的事。如果你親自試試，便能曉得有多令人興奮。這回蹲下與起立的不再只是同一小群孩子了。開始後，第五和第十個孩子坐下，接著是：

$$3-8-1-6-11-4-9$$

至此尚未再次碰到先前坐下的孩子！這似乎很奇怪，不過當數字小精靈接著所遇到的，真的是仍然站立著的三個孩子時，就更令人訝異了，因為，他其實有更多機會遇到其他的人呀[3]！

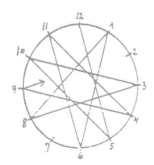

---

[2] 譯註：跟3的倍數表比起來，被拍到手的孩子改變了。

[3] 譯註：已經蹲下的人為9個，而站著的只剩3個。因此，照理說數字小精靈更有機會碰到蹲下的9個人而讓他們起來，但結果卻不是這樣。

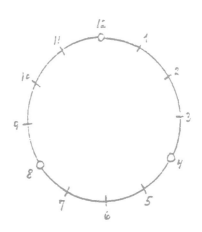

這回每個人都參與其中了

　　很快地，每個人都有機會的。隨著數字小精靈繼續走，大家就越來越興奮。他來到2，然後7，最後才輪到孤單的、一次又一次看著數字小精靈與自己擦肩而過的12。

　　當遊戲照著同樣的順序繼續進行，每個人又會依照前面的次序一個個站起來，這回12可休息一下了[4]。

　　隔天再玩一次3與4的倍數表。不過這回把一個孩子拉到圓圈之外，結果會與昨天的大不相同。這兩個倍數表對11而言不管用，5的倍數表也不行。事實上，沒有任何數字能與11搭配，因此全班決議，這是個非常特殊的數字。之後，我們可以再加進

---

[4] 譯註：剛才站很久，現在則可以蹲很久。

兩個孩子試試看，所以圓圈現在有13個孩子。也是產生與11同樣的結果。11和13同樣屬於某特殊族群的數字，此時我們答應孩子，未來會進一步解說這些數字，我們稱之為「質數」。

我們還可以用另一種方式來玩這些遊戲。讓12個孩子坐下來圍成一個圓圈，然後給他們一顆球，讓他們在地上把球用滾的傳給其他人。三角形與方形又再次出現了。而如果每個人都把球傳給自己之後的第五個孩子，那麼就會和先前一樣，每個孩子都能夠玩得到。一旦他們夠熟練了，便可多給幾個球，直到可以很清楚地看出星形。

球的使用在算術中就可以談一整個章節。在課堂上用到球，會有兩種可能，它可以有效協助有創意的老師，但也可能是個可怕的夢魘。球可以滾動，也會回彈。而球碰到地面或牆壁所發出的聲音也能幫助我們聽出倍數表的節奏。

在某些遊戲裡可採用中國式紙球。當你使用很多紙球，或在面對比較安靜的班級時，都可以讓教室充滿歡笑。

數字3和4與數字12有非常緊密的關係，我們可以用另一種方式為孩子闡述這種關係，這也能引出過程中重要的知識。這就是下一個遊戲的目的。

用粉筆和細繩在地板上畫個圓，並如前文多次提過的一樣，將圓區分成三等分。讓兩個孩子站在其中一個記號處，一個在圓內，另一個在圓外。當老師數「1」時，內圈的孩子沿著圓跑到下一個記號處；數「2」的時候他再跑到下一個記號；數

「3」時則回到原位置。站在外圈的孩子則伸出他的手,當內圈的孩子經過他時便拍一下他的手。於是,我們採用了新的方式來學習3的倍數表。

用手和腳練習3的倍數表

數到6時,數字小精靈第二次回原位,這時他與下一個孩子拍手。這樣一直持續到第10個孩子拍完手(數到30)並回到隊伍最後面為止。

之後,問問孩子能否記得他們遇到的數字。老師問排在第五個的彼得,他的回答是「15」。「凱倫,你的數字呢?」凱倫的數字是24,而她排在第八個。這種方式能讓全班發現到15 = 5×3以及24 = 8×3。

此刻孩子內心當然還不知道什麼是乘法,但他們卻能在遊戲中體會到建構乘法的過程。在我們開始以心算來學習乘法之

前，還有許多遊戲等著我們去嘗試。

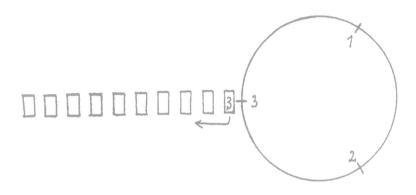

一輪一輪的倍數表練習

　　身為老師，若以為讓孩子玩過一次就可以把一個練習學起來，可就大錯特錯了。期望孩子能了解這些練習的想法忽略了一件非常重要的事實，亦即，在持續進行的活動中，「反覆」對孩子而言就像呼吸一樣重要。活動與體驗都是孩子需要的，這就是為何「反覆」如此重要的原因。思想總能滿足於僅僅一次的練習，但是孩子卻是生活在情感與行動的世界中，那是由其他法則所主導的。只有在我們了解這一點之後，才能夠找到有效的教學方法。

　　算術教學絕不能有「學過就夠了」的想法，尤其當我們顧及孩子們未曾說出的意圖時。這些意圖應能促使我們以不同的角度來看待「反覆」和孩子的知覺感官。當孩子活蹦亂跳的時候，他不只是為了肌肉的成長而做出這些動作。他同時也在體

驗不同的移動方式與平衡的關係，這些體驗之密集是超乎我等大人們所能做到的，但是在孩子身上，我們卻能看到這些。孩子真的是在「品嚐」自己的舉動，完全地去感受這些動作，直到把他周圍的大人弄得疲累不堪。在我們記憶中均潛藏這類孩提時代的經驗，能喚回多少這類記憶將會決定我們的教學能力，尤其是要以「反覆」來協助發展感官的時候。

值此之際，必須提一提Rudolf Steiner關於感官的一些想法。他所提到的不只是早期學派所說的五官，或是近代的六種感官學說，而是總共多達十二種感官。以算術而言，協助人們去理解算術的並非與認知所連結的高階感官，重要的反而是低階感官。翻開現代的算術課本，全都是要求以智力來進行理解。我們經常可以聽到「數學從來就沒告訴過我什麼」或「我永遠學不會2加2」之類的話。這種態度的萌生，其實是來自我們內心非常深層的感受，為了能對這種態度有所理解，我們必須回到最早學習站立、移動及保持平衡所經歷的，而且至今仍繼續保有的體驗。例如Rudolf Steiner提到，我們是透過一種「移動覺」來體驗身體移動過程的所有細節。此一知覺與其他低階感官在幼年時期扮演非常重要的角色，這些感官對於算術的理解力有著非常重大的影響。

因此我們必須比平常所認知的更深入而透澈地介紹算術這門科目。同時要將「反覆」與「肢體活動」作為重要的教學原理，而不能僅僅看成是「必要之惡」。

　　讓我們回到之前的最後一個遊戲。我們繞著圓圈走，並很高興能看到下列數字的出現：

$$3-6-9-12-15 \quad \cdots\cdots$$

若是把圓分成四等分，出現的便是下列數字：

$$4-8-12-16-20 \quad \cdots\cdots$$

　　現在畫出如下圖般的兩個圓，請兩個學生站在兩圓的切點處，面朝相反的方向。他們遵循老師所數的節拍，同時朝順時針方向出發。

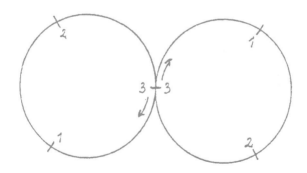

　　數到3時，他們在該會合的點相遇並拍一下手。這樣一直數到30。

　　我們可以試試4的倍數表，也能產生相同的結果。

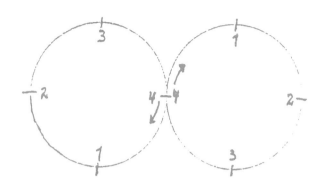

現在把3倍數與4倍數擺在一起,如下圖所示。

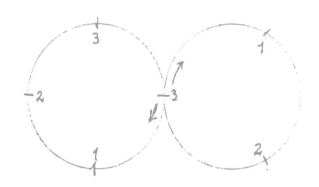

　　數到3時,其中一個孩子回到起點,另一個孩子卻尚未到達。顯然他們並未相遇拍手。數到4時,第二個孩子準備要拍手了,但第一個孩子卻已進入第二圈。數到5時,起點上又沒人

了。數到6時，第一個孩子又回到起點，但第二個孩子卻在他圓圈的對面。數到7時，起點上又沒人了。數到8和9看似又要相會了，但這回第二個孩子先到達，接著才是第一個孩子。數到10時，在旁觀看的人會覺得沒指望了，但數到11時卻出現令人緊張的時刻，一直到最後12的出現，大家頓時歡聲雷動[5]。如果繼續玩下去，多數孩子會曉得這個過程會再次重複，兩個孩子會再次相遇，有人會馬上說出──24。

這表示3和4與以下數字族群相關，並且是這群數字的一部分：

$$12-24-36 \quad \cdots\cdots$$

正如我們用核桃上算術課時就已經知道的，一個圓可以有許多種分割的方式。現在我們已經準備好要用這樣的知識來介紹許多練習，以便為往後的課程作準備。讓我們嘗試先用3和6的倍數表來做同一個練習。遊戲進行起來沒什麼問題，2和6的倍數表也一樣。

現在把2和3的倍數表一同試試，結果發現3的倍數表要走2圈而2的要走3圈才能再次相遇拍手。3和5的倍數表，兩個孩子必須走很久才能再次碰頭，但規則是相同的：5的倍數表要走3圈而3的倍數表要走5圈。

---

[5] 譯註：兩人又拍到手了。

現在我們想知道，這個規則是否適用於所有情況。試試2和4的倍數表，結果發現2要走兩圈才能拍到手，但4卻是每次回到起點都能拍到手。

對大人而言，這些事情只要稍微一想就知道是顯而易見的，但對孩子來說卻不是這樣。然而，經由孩子們在遊戲中的實際觀察，這些卻又都可以是顯而易見的，此即這些練習的價值。透過這些所觀察到的，就成為孩子們往後鮮活思想的基石。

所謂「往後」的意思是，譬如說，當進入四年級要開始學分數的階段。在開始學習這種困難的科目時，若能說出「是否記得，兩年前還是二年級的時候，我們曾經一起玩一個遊戲，大家站成一圈……」之類的問題，將會是非常有幫助的。

孩子們會記得這些，因為他們當年是一次又一次地以肢體來參與活動，有些人在圓上奔跑，有些則忙著拍手。他們也會記得當在圓上奔跑的數字小精靈相遇時，大夥兒的驚奇與興奮，於是他們會說：「啊──對！這就是你所說的……」。最好的教學方式就是讓全班有機會說「啊──對！」以及「啊哈！」

在教室裡可以用別種方式來玩相同的遊戲。讓兩個孩子面對面站好。每個人自己拍三次手，第四拍則拍在另一人手上，然後繼續下去：

$$1-2-3-\underline{4}-5-6-7-\underline{8}-9-10-11-\underline{12} \quad \cdots\cdots$$

同一方法也可用在3的倍數表：

$$1-2-\underline{3}-4-5-\underline{6}-7-8-\underline{9}-10-11-\underline{12} \quad \cdots\cdots$$

現在讓其中一人依3的倍數、另一人依4的倍數來拍對方的手。有時就會出現對方並不和自己拍手的情形，這時就拍空氣，會變得很有趣（如果對方站得離我們夠遠的話）。而有時候的確會同時拍到對方的手：

$$12-24-36 \quad \cdots\cdots$$

玩這個遊戲時要清楚自己的節奏，因為很容易被對方的拍子擾亂。

最後當大家玩得很熟練時，可加進一些較困難的變化。讓四個孩子分成兩組，兩兩面對面站立（如下頁圖左）。其中一組依3的倍數、另一組依4的倍數來拍對面同伴的手。數到3時會聽到拍手聲，4的時候又一聲。你會很驚訝地發現，孩子們很快就能進入狀況。在第二個拍手聲響起前，他們才剛好能把手及時抽離。但到了12就亂成一團了。因此我們決定，在12－24－36時手要拍向左右兩側的同伴，於是會短暫出現圓的形狀（如下頁圖右）。此時遊戲的人注意力要非常集中，不過也為我們帶來令人興奮的新節奏。

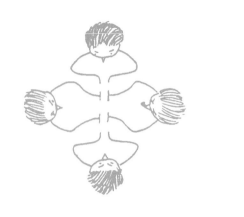
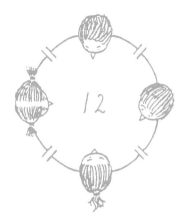

依據3與4的倍數來拍手需要更多專注

我們當然必須把這個方法延伸到其他倍數表的練習，但在開始的時候先練習3和4的倍數表是很好的選擇。

若想讓全班能立刻開始練習，可讓孩子們排成兩列，面對面站好。這種情況下，不同組的孩子可同時練習不同的倍數表。

隊伍排好後，讓孩子們交替進行2和3拍的節奏，數出的拍子為：

$$1-\underline{2}-3-4-\underline{5}-6-\underline{7}-8-9-\underline{10}-11-\underline{12}-13-14-\underline{15} \quad \cdots\cdots$$

此處可得出5的倍數表和另一組從2開始數的5倍數表。如果請全班仔細聆聽我們所強調的數字，他們很快就能挑出：

$$2-5-7-10-12-15 \quad \cdots\cdots$$

並且學習到將來會派上用場的規律。

當孩子們五、六年級的時候，只讓他們學習有許多關聯性的倍數表是不夠的，他們也還應該要學會1/2、1/3、1/4和1/5等分數。現在就要來為這些技巧打好基礎。

在地板上畫出數字線的一部分，並說明要做四個記號以便將數字線分成三個部分。

接著在這條數字線的兩端各安排兩個孩子，如下圖。

兩個孩子同時學習3的倍數表

兩個靠近內側的孩子站在數字線兩端，以靠右行走的規則（如上圖所示）沿著線走，來進行3的倍數表。到達對面時與在兩端站著不動的孩子拍手。持續進行的話，會在3－6－9等處拍手。由老師數數，孩子們走到終點就停止，直到老師唸出下一個數字才再度出發。練習得夠熟之後，可稍微改變一下玩法，使孩子們改用固定的節奏前進，不再停止。如此他們便可配合所唸出的數字，使遊戲變得更順暢且更有節奏感，不過也變得更困難。

以2、4和5的倍數表來重複這個練習。鼓勵孩子們留意他們

行進路線中的相遇地點，這可加強他們對奇數和偶數的理解。老師可詢問大家在哪些數字相遇。走偶數倍的學生能輕易地答出來，但走奇數倍的學生——以及其餘的學生——便有相當的遲疑。不過，懷疑是接受知識前很好的預備步驟，因此都是很不錯的。

現在要把遊戲進一步延伸，如下頁圖所示。讓三個學生各自站定在三條線的外端點，三條線的內端點則沒有站定不動的學生。每條線有兩個數字小精靈，分別站在線的外端點與內端點處。遊戲開始時[6]要與前述一樣緩慢而小心地進行，由老師數數，學生在每個數字都要停頓，直到下個數字唸出。到後來學生們便可以連續不停地走。記得要遵照交通規則統一靠右（或統一靠左）走。當三個學生在中央相遇時，要在通過時將右手握在一起。當他們到達自己路線的外端時，要與站定在那兒的孩子拍手。

---

6　譯註：圖中每條線上有兩個站在外端點的孩子。其中一個為數字小精靈，在遊戲開始時，外端點的數字小精靈沿著線走向內端點；另一個數字小精靈則從內端點開始沿著線走向外端點，三條線各自依2、3和4的倍數表行進。若有孩子同時到達內端點，就把右手握在一起；而當再次回到外端點時，就與站在那兒的另一個孩子拍手。

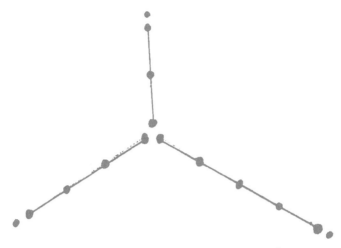

同時練習2、3和4的倍數表，以為「公分母」[7]做預備

　　現在來看看中心點發生的事。數到1的時候中心點沒人。數到2時，2倍數小精靈到達了。數到3時，3倍數小精靈到達。數到4時，2與4倍數的小精靈在此相遇。數到5時再次沒人，數到6時，2與3倍數的小精靈相遇。數到7時又是沒人。此時大家會懷疑三個小精靈是否會相遇。繼續玩就會發現，他們真的會在數到12時再度全部相遇。

　　現在該把5加進2、3與4倍數表的遊戲了。學生會想要嘗試這個改變對遊戲的影響，但「只是想」並不會獲得多少進展，因此我們必須開始玩遊戲，並看看會發生什麼事。

---

[7]　譯註：分母不同的幾個分數，必然可以用相同分母的分數來表示，此相同的分母稱為這幾個分數的公分母。

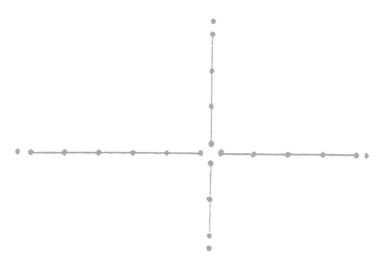

加進了5的倍數表，但不算容易

　　這會是個漫長而複雜的過程，但不致感到無聊，因為當中會有許多戲劇性的變化。到達24時大家會很興奮並注視著5倍數的小精靈，結果他毀了一切，因為他比別人落後了一步；當他到達25時，其他人卻已經離開了；數到30的時候，情況似乎好一點，但是4的小精靈卻不見了；數到36時，又是5落後了；到達40時，換成3的小精靈落後了，而這並不多見；最後我們數到60，所有疑慮才消失殆盡。

　　我們可用下頁圖形將這個遊戲簡化，這個圖在其他遊戲或主題時也有許多用處（例如行星軌道）。

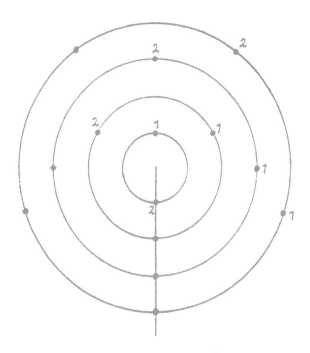

四個倍數表的運行軌跡

　　孩子們能熟練地以圓來練習倍數表。把一群孩子放在一系列同心圓上，每個孩子走自己的圓。把大家的起點安排在同一直線上，一旦開始唸出1，直線就被破壞了。大家會猜想何時能再次變回直線。這個問題與先前的遊戲完全一樣，只是做了些變化，同時讓我們有更多學習數字的機會。5以後的質數會引發孩子的興趣，因為這些數會在起點的地方一直空著。我們一直小心觀察起始線，結果發現最需小心注意的就是這些不規則的數

字。一旦出現質數，起始線上就會一直空缺著，而從某些觀點來看，質數本身也是空虛的[8]。

我們暫時要先談談，與孩子們一起工作時所應銘記在心的其他事項。要把哪個孩子放到圓圈的哪個位置是一件重要的事情。如果把開朗活潑的風相小孩放在內圈，他可以一圈圈玩得很快樂，大概不會覺得厭倦。如果數到60之前他真的累了，讓他繼續下去也不會有大礙。但這個位置並不適合水相（冷淡與遲鈍）的孩子，讓這些孩子留在外圈是比較好的。對於愛思考的土相孩子（心思細密、憂鬱）也是一樣，他們留在外圈時可以看到整個遊戲的全貌。火相的孩子（暴躁、性急）則應擺在靠近風相小孩的位置。

在得知60的結果之前，問問大家是否有可能會在同一時刻回到起點。風相的孩子會很快就回答，因為，若沒注意控制情況的話，他會一直領先其他人好幾步。火相的孩子也會往前走，而且一次走兩步以讓遊戲快點結束，他可能也會去推一下不同

---

8　譯註：由於質數無法被其他數字所分割（整除），因此，當我們在這遊戲中數到比5還大的質數時，起始線上必然空無一人。而在第三章最開始之處，就曾提到數字的內含與外顯數值。完美數的內含與外顯數值相等；有的數字內含數值比外顯數值大，所以是謙卑的、有價值的；有些數字的內含數值比外顯數值小，所以是誇大的、愛吹噓的；而所有的質數，其內含數值均為1，這小於自己，所以質數的本質是空虛的，可將其視為一無所有。這是從本質的觀點來看待質數。

圈的孩子。水相的小孩會一圈一圈跟著走、跟著數，而且勸大家要安靜地遵守秩序，但沒人聽他的話。土相孩子可能會覺得唯一的解答就是大家轉身向後走回起點。

所有這些活動的過程，都能讓孩子體驗到往後會很有用的事物，包括質數、公分母以及最小公分母等。這些體驗都是未來出現「啊哈！」的種子。

遊戲中，圓的造形在未來孩子學習天文學時會非常有用，可幫助了解太陽系中土星長而慢的軌跡與水星快速迴轉軌道間的關聯性。

我們也可以注意觀察遊戲一開始孩子們所站的一直線。一旦遊戲開始，直線就會彎曲，最後變成渦旋線。如果孩子之間能拉住一條毛線或繩子，並且能使毛線在行進間不斷地從線球中拉出，便可以看得更為明顯。如果以更大的數字來進行，例如以5、6、7、8來取代2、3、4、5，則效果又會更明顯。

在數學課中，透過這類活動的體驗，便可發展出適合每個孩子深層需求的主題。換言之，學校不同課程和主題之間其實是互相關聯的，每個課程都顯示了同一整體的不同面貌。

# CHAPTER 7 倍數表的繪圖練習

以下我們來探討一些有助於了解倍數表的繪圖練習[1]。

先讓全班孩子排成長長的一列。請大家依序從1開始大聲報數，數到3倍數的人向前跨一步。讓全班看看此時所呈現出來的圖樣。

以4和5的倍數來重複進行相同的練習。

---

1　譯註：第五章是從音樂與節奏出發導入倍數表的練習，本章則以繪圖為工具使孩子能更深入倍數表的內涵。

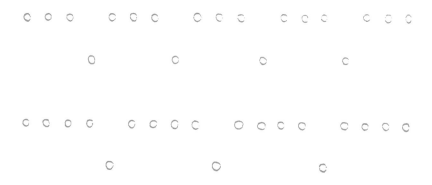

隨著倍數的轉換，向前一步的學生之間距離也逐漸加大了，而留在原地的學生小組人數也越來越多。在5的倍數每組有4人，4倍數每組3人，而3倍數則每組只有2人。

在下一個練習中，除了數字小精靈之外，讓全班其他的人站成長長一列。接著數字小精靈從指定倍數的第一個數字開始，沿著半圓弧次第往倍數表的下一個數字前進。

每隔一個孩子就越過

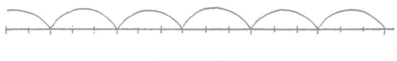

越過兩個孩子

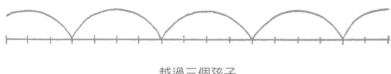

越過三個孩子

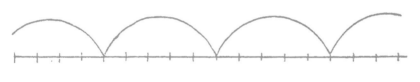

越過四個孩子

讓全班盡量多做這種練習是很重要的。所以，我們繼續介紹另一個練習。在地上畫一條線，均勻地刻畫出數字，並且清楚標示出5和10的倍數。

　　請一位學生站在0的位置，並引導他沿著直線跨步走出3的倍數格。他學過3的倍數表，並且也以直線上5－10－15－20等標記作為跨出步幅的參考。不過，我們希望能把3的倍數（其他倍數表也一樣）融入孩子血液中，這正是為何我們要一次又一次練習的原因（即使孩子們心中目前尚不理解這些）。因此，比方說我們要引導孩子走出5步「3的倍數格」，而事實上，這正是引導他學習：

$$15＝5×3$$

　　在不同的倍數表中都有許多像這樣的例子可以拿來練習。之後，我們可以蒙上孩子的眼睛，看看他們是否還能走在正確的數字上。例如，如果老師說：「請你走出4步『5的倍數格』，但請先告訴我，你會走多遠？」學生回答後就被蒙上眼睛。他大步走在線上，然後停下來，接著老師取下他的眼罩，以便讓他看看自己離目標多遠。也許結果並不理想，或許是走過頭了，因而得重來一遍。第二回他走出的距離太短，還沒到目標。不過多練習幾次後，他就大致可以走對了。這就像希臘神話裡瞎眼的獨眼巨人波呂斐摩斯（Polyphemus）對奧德修斯（Odysseus）丟石頭一樣。第一個丟太遠，第二個太近，但不同的是波呂斐摩斯只被允許有兩次機會。

　　在此同時，全班其他人也興致勃勃地觀看遊戲的進行，所學到的也遠比我們所能想像的還多。隨後要讓每個人都有機會親

自走走看，而孩子們的算術能力便可藉此被延伸發展到極致。

還沒進入腦海的可以先由雙腳來達成

我們也要試試大一點的數字，告訴全班：「這些倍數表以後會學到，現在先試著玩玩看。」如果我們選擇11的倍數，大家很快就會發現，數字小精靈沒辦法跳得那麼遠。不過，只要他兩邊各有一個孩子撐住他，就能克服這個問題了，於是他就能在空中「飛」過去。

$$11-22-33-44 \quad \cdots\cdots$$

一種能跨出大數字步伐的方法

　　另一個克服此問題的方法，是讓孩子從一個數走到下一個數時，刻意跑出一條長長的弧線，例如11到22、到33、到44等。

　　對於較大的偶數，可以先單腳跳到它的中點，跳到倍數表數字時再雙腳著地，至少我們可以試試看。這可不像聽起來的那麼容易。於是我們可以了解，12倍數表（例如12－24－36）事實上就是6倍數表中每兩個數的第二個。班上也有些人會把同樣方法用在奇數倍數表上，這會給他們一些新的東西想一想。

　　另外還有一個方法一定能激起孩子的熱情。帶一組撐竿跳用的竿子到班上來，讓他們用來練習倍數表。於是他們就能和撐竿跳選手一樣跳得很遠，並能落在正確的數字上。可以找一天把跳房子用的小瓦片帶來，先把它丟到倍數表中下一個要跳的數字上。大家會發現這比較困難些，但他們的觀察力會因此而變得更為敏銳。如此以小瓦片配合數字線，也能練習加法和其他算術的主題。

邊數邊跳

　　孩子們現在可以在簿本上用不同顏色來記錄這些練習如下：

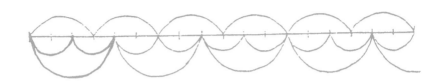

　　如此，孩子們以眼睛和肢體再次體驗到，如何找出所要的數字而略過其他的數字。例如，若把2、3和5的倍數合起來看，在數到30之前，其在下圖中所標出的數字顯然是被略過的[2]。

　　用這種方式一再地演練較大數字的倍數表是很重要的。設計這些練習的主要用意，是協助孩子們體驗倍數表中一系列數字之間的級距。練習3和4時很容易量度，但練習較大數字時便需要較大的量具。我們發現雙腳已經不夠長了，所以改用「翅膀」，但翅膀很快就累了，於是我們意識到，有必要找出更好的方法。接著我們發現，兩眼可以很快地從一個數字跳到另

---

[2]　譯註：除了數字1之外，其餘都是質數。

一個數字，而最後又會發現，最快的方式是以思想來跳躍。於是，我們發現了一個不會受限的方法。現在我們學會一種可以從一個數字快速地跳到另一個數字的方法，要多快就有多快，要多遠就有多遠。但同時我們也學到了跳躍時要非常小心，因為跳得太快會容易出錯，尤其是在大的數字時！

　　讓班上孩子真實地去體驗，如何能夠很快地算得很遠是非常重要的。請10位參與遊戲的孩子沿著牆面排成一列。接著慢慢數到10。第一個學生代表1倍數，只需走一步。第二個學生代表2倍數，因此走到第二步才停下來，依此類推。最後一個學生則一直走，每數一個數字便走一步，直到10為止。結果會像下圖左方所點出的斜線一樣：

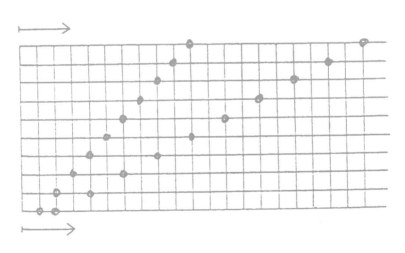

牆上有塊這樣的板子是很有用的，低年級孩子則應畫在地板上

他們所走到的位置，可以對應到先前邁大步走出倍數格子練習中的位置，走最遠的孩子一步要跨10格。

接著老師再數一次10，孩子也再度往前走。每個孩子在自己的倍數表上走出第二步，畫出了圖中的第二條斜線。現在可讓孩子回到原位置，並且再玩一次遊戲，但這回要做一些修正。當老師數1時，每個孩子要快速跑到第一次停止的位置，也就是第一條斜線；老師數2的時候，孩子們就跑到第二個位置，接著依此類推。

大家可看到房間一端的孩子移動得很快，另一端則慢得多。有些孩子能立即領悟「丈量棒」的原理，但還是得要他們多做練習，而且應該要讓他們都有機會去體驗排在隊伍左邊、中間和右邊不同位置時的感覺。

若是二或三年級的孩子，老師便可以說龜兔賽跑的故事，並讓他們實際演出。定出兔子和烏龜兩種角色，讓孩子們以「兔子」或「烏龜」的腳步在房間內行走。扮演烏龜時腳步要很小，扮演兔子時則要大步地跳。讓一隻兔子和一隻烏龜從牆邊開始跳向房間中央。跳的時候要雙腳一起同時跳，不過兔子要跳得比較遠。經過一番努力後，全班對2與10倍數表之間的差異就有相當的了解了。大家也可以深切了解，為何那隻長腿兔子的兩腳會如此疲憊不堪了。

此刻讓孩子們把故事畫下來是不錯的主意，把兔子和烏龜比賽的不同階段畫出來。

　　我們一次又一次地練習——包括大步和小步幅的練習。走大步時可能會需要「飛」的協助。我們可再次試著把眼睛蒙住走向目標，看看會抵達何處——持續練習直到大致做對為止。這個練習能讓孩子對空間關係有很好的感覺。接著把眼罩拿掉，大家立刻對數字的位置有很好的方向感：6在5之後一位，9在10之前一位，12在10之後兩位等等。

　　能從感覺轉換到方向性，也就是能夠知道要往何處去，是最重要的一件事。所以說，感覺比起所謂的方向性或認識，位於我們更深層的內在。在此，我們找到了支持Rudolf Steiner所教導關於感官的論點——透過肢體移動所獲得的感官認知是與初階感官相連結的，而方向性判斷的認知則是與高階感官相連結的——更詳細的研究已超出本書的範圍，想更進一步了解的話，可以參考Steiner的著作。

　　要從當下的「感官認知」發展成「方向性的評斷」是具有連續性的。在孩子的協助下，我們發展出如下的一套裝置，是古時候用於丈量田地的。我們將以此裝置取代之前所用的雙腳沿著數線來做量測。我們已經來到了第三個階段。繼「感官認知」與「評估判斷」之後，我們現在有了身體之外的、不再與身體相連的技術裝置，可作為外在量測很好的工具。

　　現在我們畫在地板上的數線一定要很精確。這不會構成什麼問題，因為已經三年級了，正在學習重量和量測。

此處我們頭一回以「技術」的觀點來體驗倍數表。我們的裝置不會出錯，它雙腳堅硬、沒什麼感覺，在房間內丈量時也不需花時間做自我定向。

倍數表的量測工具

現在可以準備第二支量測裝置，並對二者進行比較。第一支「丈量棒」設定成4步，另一支則設定成2步——兩支都要設定得非常精確。第一個孩子用他「丈量棒」的步幅「走」3步，另一個孩子就得「走」6步才跟得上。大家都知道這種情況是會發生的，現在可發展出許多類似的練習。例如，弟弟走了10步之後，哥哥要走幾步才會跟上？或者，若弟弟只走5步時情況會

怎樣？哦——對了，哥哥會走超過，或是尚未追上就必須停下來。所以我們學到了，當弟弟一直往前走時，哥哥只在部分時候能與弟弟的腳步重疊。弟弟在任何地方都能停，但哥哥有時卻會顯得彆手彆腳。我們讓孩子們把這些練習畫在自己的簿本裡，盡可能詳細地畫，以顯示他們每次使用「丈量棒」時都能認出把手的方向[3]。

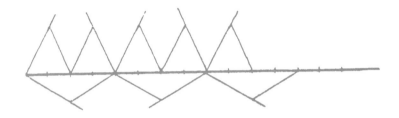

接著把兩支丈量棒分別設定成7步和3步，並問問自己，兩個倍數表是否會相遇。結果發現他們在數字21處相遇，第二次相遇則是在數字42。

---

[3] 譯註：丈量棒把手的方向是與左右腳對應的，如果哪個孩子畫錯了把手的方向，很可能就表示他並未真的理解丈量棒的使用方法，正好對應於雙腳一左一右的行走方式。

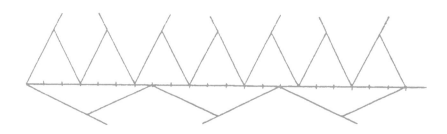

　　協助孩子們看出圖中的對稱性（先別考慮把手的方向）。若要得到更好的對稱性，則可用7和4倍數表，而他們會在28相遇。

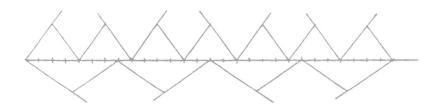

　　若要得出完美的對稱性，就得繼續走——前述兩個例子都是要走兩個完整的週期。自己試試看。

　　此一簡單裝置為孩子們開啟了一系列練習的大門——這些練習的特性可以是非常實在的——不論我們借助卡車或地磚提供多麼貼近實際生活的例子，都無法讓孩子們體會上述裝置所能

提供的效果。此外，這些量測工具是我們自己製作的，可隨時在教室取用，但卡車和磚塊就不是這樣了。

　　現在讓一名學生站在數線的0點，另一位站在50，並將量具調整成8格。那麼，用這個量具能否正好走到50？若不能，可以離多近？試過之後將結果畫在黑板上和簿本上。

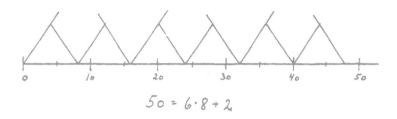

$$50 = 6 \cdot 8 + 2$$

　　顯然我們無法用單一量具正好走到50，這時問問自己，同時用兩把相同的量具從兩端向內走時能否正好相遇？結果還是不行，不論來回走多少次，最後總是差2格。

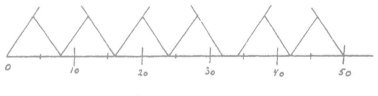

$$50 \div = 6 \cdot 8 + 2$$

也有可能在重疊後相差6格。

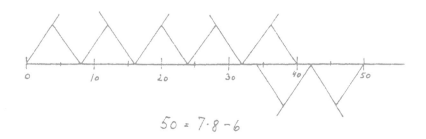

$$50 = 7 \cdot 8 - 6$$

　　如果一端用8格的量具，另一端用3格的，是否能正好相遇呢？這時全班會忽然騷動起來！但我們必須記住，每件事都值得從混沌開始，我們的任務就是要從混沌當中形成和諧與秩序。

　　兩個孩子來來回回地做這個試驗。他們熱情而瘋狂地玩，所以做得很不精確，也就常常要重新來過。最後老師必須介入以引導他們相互合作。班上有些人會了解8倍數表的重要性，這使他們能知道接下來會走到什麼位置。而他們也會發現，若能對一個問題先做思考，便能在行動中變得更有自信。

　　然而這種解決問題的方式，也是要按照它自己的步調來發展的。

　　我們用這個量具繼續玩，並發現到達48時，8的倍數表非常接近50。所以我們讓8格量具倒退著走，同時讓3格量具從50出發跟著走。就在8格量具剛倒退走2步的時候（在32的地方），

在旁觀看的人叫了出來：「碰到了！」於是我們看到了，50等於8倍數表走4步加上3倍數表走6步。

$$50 = 4 \cdot 8 + 6 \cdot 3$$

　　對全班來說這是很難的觀念，但他們卻喜歡玩量具的遊戲。

　　如果換個方式，讓3倍數表從50開始（朝0的方向）往回退，而8倍數表則從0點開始將倒退回來的3倍數表往50的方向推，結果會如何呢？這又是件不容易的差事，最後畫出了：

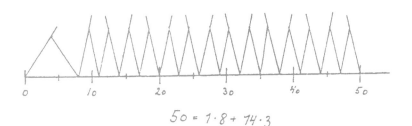

$$50 = 1 \cdot 8 + 14 \cdot 3$$

　　這個遊戲總是能引發大家的興趣。看起來像是兩方之間的戰鬥，但此一戰鬥其實是關係到二者之間的相互作用，展現二者緊密的關係。遊戲可有很多不同的變化，也可以劃分成不同的難度。這個遊戲也包含了往後數學裡會出現的元素，有的孩子對這些可能暫時會感到疑惑。例如下列數字中，第一和第四欄會有許多值得思考的空間。

| 8 | 16 | 24 | 32 | 40 | 48 | 本列數字全都來自8倍數表 |
| 42 | 34 | 26 | 18 | 10 | 2 | 本列有哪幾個來自3倍數表的數字呢？ |
| 50 | 50 | 50 | 50 | 50 | 50 | |

　　這個遊戲尚包含了兩個變數的方程式問題，但已經超出三、四年級的程度了。

　　進行下個練習之前，先要孩子畫一條數線，並依5的倍數畫刻度。接著讓他們沿這條數線以其他數字的倍數（例如6倍數）來行走。

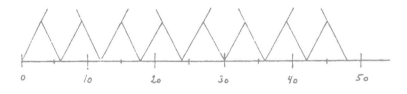

5和6倍數表一起作用的情形

　　要求孩子不用任何量具在一條線上畫出10等分的刻度，可讓孩子學到很多東西。他們第一步要先找到線的中點，接著每段線都分成2：3的比例，最後再畫出其他刻度。

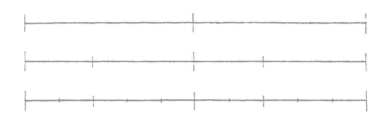

　　前述兩個練習是為下一個問題作預備的。首先觀察6的倍數在數線上的移動，發現第一步會比數字5超前1格。下一步比10超前2格，再下一步比15超前3格。使用量具就可立即體會到這是必然的結果。這是數學所蘊含的眾多明顯事實之一，而我們多半傾向教導孩子用想的（以訓練他們的智力）──從來就沒想過這是否真的是最佳的方式。較佳的方式其實是讓孩子遵循所有偉大數學家們的腳步：先經過體驗和直覺，之後才透過思想。

　　顯然，6倍數總是走在5倍數的前面。5倍數就好像人行道上石板與石板間接縫的距離，而6倍數就像是我們的大腳步。我們的步幅比石板路的格線距離大了一點點，因此走了5步之後，就會整整多走一格石板的距離。在此，我們從小範圍的行走看出

一種規律，接著應該能夠將之以不同的方式來展現，而這正是開始練習把一條線分成10等分的時機。

讓班上孩子先畫出10條平行的線，每條線都分成10等分，因此就有1到100的刻度。現在必須找出屬於6倍數的刻度，在其上放一個彩色圈圈。3倍數刻度也要以三角形作記號，如下圖所示。

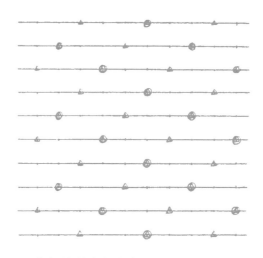

每個倍數表都有它獨特的線形結構

我們可看到這兩個倍數表間關係有多密切，也能看出它們彼此合作之後可創出9的倍數表。

其他倍數表會有不同的結構，每個結構都展現出該倍數表的特性。

　　讓孩子畫出他們自己的圖表是很好的想法，但小心別在同一頁裡擠進太多個倍數表，以免看不出其結構樣態。但如果真的擠進太多個倍數表，例如從2到10，我們還是能從中學到一些東西——沒被圈起來的數字事實上就是從10到100的質數。可以把這些數字記下來——這又是另一個數字表（「表」這個字在拉丁文的涵義就是用來寫東西的石板或布告）。這個數字表沒有任何秩序與規則——與之前我們所做過的倍數表完全不同，而且更加困難！

　　目前為止，我們已經有兩種看待數字的觀點。第一種是以孩子直覺的體驗來描述數字。我們稱這類數字為「本質數」，雖然還是苦於想找到更好的用詞，但我們已能逐漸以定性的方式了解數字的內涵。我們假設這類數字在孩子世界中是存在的，因為有許多例子可說明人類早期是以此種方式來體驗數字，也因為我們真的能看出孩子的心靈發展與人類早期歷史演進之間的相似性。

　　我們已經看出，這些數字與基數（或數量）的關係是最密切的。然而不同之處在於，它們有某種定性的特質——這對我們來說似乎很矛盾，因為我們一直習於以純粹數量的觀點來看待數字。之前的練習使我們看到，這些數字與生命現象是相關聯的，當中，數字的存在似乎是必然的。數字之所以長成這個樣子，正如同有生命的組織一樣，若不是長成這個樣子就不會存在了。例如，對幼童而言，他的母親和父親就代表著有生命的

數字2，就是一對，這不是算出來的，而是本身就存在的。分成上下喙的鳥嘴是另一個有生命的2，它也不是算出來的，而是因為這就是鳥嘴的特點。

　　另一個例子是手的功能。我們都會在某些時候想把一大堆小東西從一個地方拿到另一個地方。例如我們想要一口氣收拾杯子、碟子、牛奶瓶、刀、叉，外加盤裡的剩菜，或是想拿一大把木柴到暖爐裡燒。有東西鬆動時，我們也會試著放開幾根手指，以防東西滑落而把地板弄得一團亂。此時何妨暫停一下，仔細看看自己左手和右手的動作。瞧瞧雙手所做的事有多麼令人驚奇！這是其他任何地方都無法見到的萬用功能！這種功能只有數字5才辦得到，而且是我們之前所說的、不屬於「計算」的那種功能。後來我們能數數了，並觀察到能數到5，於是才定出我們手指頭的數目是5。最開始的時候，數量5是不存在的，只有手的功能——這獨特的功能。而源自這一獨特功能，才產生了器官組織——一個有目的的整體。我們之所以能數數，是因為在我們有生命的組織中，已經植入了節奏的能力，經由數數我們才發現數量，此處指的就是5。

　　語言給了我們這兩個詞——數、數量（或量），讓我們可藉此區分兩個觀念。「數」（number）這個字用來表徵一個生命機體的統合。但此處所謂的數，必須被理解成能與一種結構性力量相連接——這種力量能將存在的實體分割成許多功能領域，使我們能以觀察者的身分，用意識來覺察，成為對

「數」的體驗。自然界是不存在「數量」（quantity）的，數量只存於我們內在的創造性過程。自然界也沒有「數」，有的卻是前述所說「分割」的力量。因此，部分新數學所犯的一項主要錯誤就是，把數看成是集合（set）的特性，如同把顏色看作是物體的特性一樣。數字絕不會離開人類而單獨存在。一定要說的話，就應該說「數」是我們人類的特性。而生命機體本身是整體且具有不同功能的，描述此種現象的一種方式就是使用「數」的概念。數字必須配合活動。此活動展現於我們自身之外的，是將整體細分為不同的功能；而隱藏於我們內在的，則是慣常我們對「數」的理解。這種對數的體驗絕不是在我們自身之外所找到的集合特性。

如果花點時間仔細研究我們身體以外的事物，就可以體驗到所謂定性的數字。如果讓手指頭在節奏感的協助下開始「漫遊」（比方說漫遊在海膽的輻射狀棘刺上），那麼，藉著這種有節奏的動作，我們就能找出特定的數。此處所得出的，是一般的基數，而這正是某些肢體運動所產生的——手指頭、腳，甚至只是目光位置的轉換[4]。這些基數完全是我們自己創造的，並不存在周遭環境中。就這點，我們與那些聲稱「世界只存在於我們的想像當中」的哲學家們看法是一致的。

---

[4] 譯註：參照第116頁最後一行，「兩眼可以很快地從一個數字跳到另一個數字」。

　　因此，我們需要將三種現象加以區分：使我們體驗到數的性質的「基前數」[5]、以此為基礎所產生的「節奏性數數」，以及不再侷限於定性特質而能以純數量表現的「基數」。

　　前兩種數已於前面各章探討過，後續要討論的是第三種。

---

[5]　譯註：意思是「基數之前就存在的數」，也就是前面幾章所探討的本質數。意指數字具備「基數」的計數特性之前的本來特質。

# CHAPTER 8 數量

　　對孩子來說，所有的學習都必須從肢體的動作開始。在他們計數的時候——1－2－3－4－5－6－7－8－9－10，讓他們指著自己的手指頭，於是他們發現：「我有 10 根手指頭！」

　　「數」有一種基本的、原型的圖像，是與「計算」結合在一起的，所以才有「數量」，也就是「多少」的測度。孩子們因而可以計算他們的腳趾頭，並能了解共有 10 根腳趾。

　　手能幫助孩子們產生認知——在心中抓到意涵——腳則幫助他們理解。孩子的發展從肢體的動作開始，而最終所連結到的就是認知和理解[1]。

---

[1] 譯註：根據譯者對人智學粗淺的認識，作者這段話的意思可能是說：移動手比移動腳還要容易，因為手可以單獨受到意志的指揮而很快抓到身邊垂手可及的事物，因而讓我們產生對該事物的「認知」；而移動腳的同時卻必須帶著全身一起動，產生了「我」與外在事物「相對性的認知」，於是當腳帶著全身移動到想去的地方讓手抓住外在事物時，不僅讓「我」對該事物有所認知，也更加了解該事物與「我」的相對關係，了解這種相對關係才能對該事物有所「理解」。

　　根據這個原則，就讓孩子們抓起一把核桃來數吧，數的過程把核桃一個一個放在桌子上，並將之堆起來。動作帶領他們認識了基數：例如12個核桃。要確定孩子們能從容地做出確實的大動作——這並非在浪費時間，而是順著孩子們成長發展的自然途徑。

　　人們或許會批評，當我們讓孩子花時間做這些活動的同時，孩子們或許已經能利用同樣的時間完成好多好多的加總練習。這種質疑是因為他們並未理解到，這些活動正是要為孩子們做大量的加總奠定基礎——同時也尚未了解，那些不幸被施加「不要輸在起跑點上」教育的孩子們，其真正能練習加總的次數實在是少得可憐。

　　孩子們已經把12個核桃在桌上放成一堆，接著要他們試試看新的排列方式，這回排列成接近直角的四邊形。

　　我們從混沌中找到了秩序。隨後問他們有無其他排列方式？當然是有囉！

接著,帶領大家離開教室去體育館。所有25個孩子都在大廳的一邊集合。接著,請一個孩子幫其餘孩子在大廳的另一端排出完好而有次序的隊形。他一個一個引導大家站在適當的位置,很快就排出如下隊形:

$$O—O—O—O$$
$$O—O—O—O$$
$$O—O—O—O$$
$$O—O—O—O$$
$$O—O—O—O$$
$$O—O—O—O$$

同一列的人手牽手，並且每列依序大聲說出：

「我們是4。」

「我們是4。」……

然後老師問：

「24等於……？」

每列學生們接著回答：

「4」＋「4」＋「4」＋「4」＋「4」＋「4」

最後大家一起說：

「24等於6×4。」

然後老師又說：「轉換」（或者「切換」），全班孩子都能曉得這與軍樂隊的隊形變換一樣，所以現在全班隊伍看起來像這個樣子：

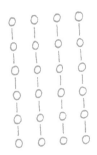

於是大家又一行一行依序唸出：

> 「我們是6。」
> 「我們是6。」……
> 「24等於『6』＋『6』＋『6』＋『6』。」
> 「24等於4×6。」

現在第25位學生要幫全班重新整隊。

○─○─○─○─○─○─○─○─○─○─○─○
○─○─○─○─○─○─○─○─○─○─○─○

這次班上學生唸出的是：

> 「我們是12。」
> 「我們是12。」
> 「24等於『12』＋『12』。」
> 「24等於2×12。」

老師再次發出「切換」的口令，於是全班排成以下的隊形：

於是會聽到大家唸：

「我們是2。」
「我們是2。」……
「24等於『2』＋『2』＋『2』＋『2』……。」
「24等於12×2。」

再次地老師又發出「切換」的口令，孩子們開始找尋自己的新位置，有人會全程四處去轉，結果出現以下的簡單隊形：

孩子們會唸出：

「我們是24。」
「24等於24。」
「24等於1×24。」

當老師最後一次喊出「切換」，每個孩子就單獨站立如下：

這回就會聽到：

「我是1。」
「我是1。」……
「24等於『1』＋『1』＋『1』＋『1』……。」
「24等於24×1。」

在最後這回，整體的音調變了。我們可以聽出每個人不同的性格。有的聲音很大，想要獨自作秀；有的聲音害羞，似乎才剛開始獲得信心；有班上的開心果在獨自用兩腳站立時所展現的樂趣；也有那種似乎勉強才跟上大家、聽起來還想睡覺的聲音。

隔天再次帶全班到大廳，問問大家需要多少人才能排出兩邊相等的正方形。

某個孩子可能立即回答：「九個。」於是我們試著排出：

$$\bigcirc — \bigcirc — \bigcirc$$

$$\bigcirc — \bigcirc — \bigcirc$$

$$\bigcirc — \bigcirc — \bigcirc$$

記住，反覆練習非常重要，因此我們以昨天同樣的方式唸出：

「我們是3。」

「我們是3。」

「我們是3。」

「9等於『3』＋『3』＋『3』。」

「9等於3×3。」

　　在班上一片歡樂聲中，老師發出「切換」的口令。但結果卻跟沒切換幾乎一樣！有些孩子會發現切換前後並不完全相同，因為牽了不同人的手。但若只看外形，卻是真的相同。這種能通往純數字的動作練習是很好的體驗，往後也最好能再次回頭重做。

　　現在要問，是否有比較小的、兩邊數字相等的正方形，結果找出4這個答案。

　　再問大家：「還有沒有更小的數字，在我們說『切換』以後都完全不改變的？」很快地，有人想到獨自一人站立的情況。

　　湯姆自願站出來。他站好定位，老師說：「切換。」結果什麼也沒改變——看起來完全一樣。接著我們就可以大聲對全班補充說明：「湯姆並非真如我們預期一樣的是一個方形，但因

為1真的等於 1×1，所以我們今天先假裝湯姆從每個角度看到的邊長都是 1。」

最後試試 16 和 25 的情形。因為全班只有 25 個孩子，也就沒辦法嘗試更大的數字了。

另一方面，我們也可以把 9 個孩子做成其他有趣的排列：

然後 16 個孩子可排成：

接著是25個孩子：

哦！對了，我們忘了試試4個孩子的情況：

於是我們在簿本上把整個練習重新做一遍，並且能夠發現，上面幾種排列的隊形轉換，其實就跟下頁圖的轉換一樣，例如當9個學生玩遊戲時：

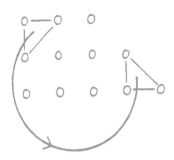

　　使用同樣的方式也可把其他圖重新排列。將來，當我們時間充裕的時候，可以再次回到這個練習。觀察這個三角形，並由上到下一行一行地數，我們發現了：

$$1 = 1$$
$$4 = 1 + 3$$
$$9 = 1 + 3 + 5$$
$$16 = 1 + 3 + 5 + 7$$
$$25 = 1 + 3 + 5 + 7 + 9$$

　　在僅有1人的方形中，要轉變成一個三角形時要挪動的人數是0人。

　　在4人的方形裡，需挪動1人，也就是比前一組多挪走1人[2]。

---

[2]　譯註：前一組人數為1人，需挪走0人以構成三角形。而本組需挪走1人，因此本組比前一組多挪走1人。

在9人的方形裡，需挪動3人，也就是比前一組多挪走2人[3]。

在16人的方形裡，需挪動6人，也就是比前一組多挪走3人。

在25人的方形裡，需挪動10人，也就是比前一組多挪走4人。

我們也發現到，如果垂直著數而不要水平著數，便會獲得以下結果：

$$1 = 1$$
$$4 = 1+2+1$$
$$9 = 1+2+3+2+1$$
$$16 = 1+2+3+4+3+2+1$$
$$25 = 1+2+3+4+5+4+3+2+1$$

此結果也可以用下面更好的「數字金字塔」圖形來表示。

| | | |
|---|---|---|
| $1 =$ | $1$ | |
| $4 =$ | $1+2+1$ | 多出 3 |
| $9 =$ | $1+2+3+2+1$ | 多出 5 |
| $16 =$ | $1+2+3+4+3+2+1$ | 多出 7 |
| $25 =$ | $1+2+3+4+5+4+3+2+1$ | 多出 9 |

---

[3] 譯註：前一組人數為 4 人，需挪走 1 人以構成三角形。而本組需挪走 3 人，因此本組比前一組多挪走 2 人。

經過這些練習後，我們會好奇地按照數字金字塔上的數量來擺置核桃，並看看會變出什麼形狀。例如我們取9個核桃，其數字金字塔為：

1＋2＋3＋2＋1，我們得出：

我們發現，所出現的圖形與先前的完全一樣，只不過是把圖形的角轉到上方而已。我們早該知道結果會是這樣！

在前面幾頁的討論裡，我們透過加法和乘法，做了許多加總的演練，而多半我們都很「幸運」，因為所選的數字演練起來都很順利。現在取14個核桃，並將之在我們前面緊密地排成一長排。然後每兩個核桃便拿走一個並握在手上。留在列中的核桃間距會加大。接著把手裡握住的核桃加在原有的核桃列之後，核桃的間距採用目前加大後的間距。結果14個核桃看起來好像是原有數量的兩倍。

接著再次從每兩個核桃中取走一個，並依之前相同方式，將取出的核桃接續在同一列的後面。整列所占的空間又加倍了，變成最初排列的四倍。核桃還是只有14個，不過因排列方式不同，因而會占據較大的空間。假如願意的話，甚至可以一直延伸至環繞世界一周！

許多人都知道一個事實，5到6歲的孩子在審視一個物體時，所憑藉的是對物體大小的感覺。若想讓孩子們超越這種發展時期，就必須讓他們經驗特定數目物體的集中與發散。經由這樣的反覆練習，孩子們就能了解數並非由大小所決定的。

回到大廳，讓14個孩子排成一排去做相同的練習。孩子們依序報數，2的倍數向前走一步。很容易，而且很好看！在新一排的孩子互相手牽手，使他們比較容易能整體一起移動到第一排的後端，並保持相同的間距。隊伍變成原先的兩倍長了。

再次重複相同的過程，於是隊伍變成原來的四倍長。現階段大概只能做到這個程度，因為已幾乎要用大喊的方式才聽得到了。事實上，如果使隊伍繞著地球延伸，就必須用到電話了！從現在開始，這個遊戲的進行可以變快了。在此，我們首度瞥

見了數字的冪次關係[4]。

不過,現在請大家緊靠在一起,使整列隊伍回到原來的長度;並且讓最後一個孩子跑到數字1的前面站著,倒數第二個孩子跑到數字2的前面站著,依此類推,直到出現長度完全一樣的兩排為止。如果站立時兩人之間還有空隙的話,可以把整排再擠得更短,但是我們已經擠到肩靠肩了,因而無法再縮短。如果我們只是線上的點[5],就可以辦得到,關於這點往後會再更詳細地說明。

從某方面看來,我們已經把這一列「摺」起來了,所以變成了7+7,就像摺紙一樣。當一張紙被摺起來的時候,它也是變成一半長與兩倍厚。我們可以把紙再對摺一次,但這兩列學生則沒辦法,因為其數目是7。想再摺一次的話必須是偶數才行。

現在來試試新的花樣。如同前面所述,讓14個孩子站成一排,最後一個孩子往前跑到第一個孩子面前。

---

[4] 譯註:冪次關係就是數學中的乘方運算,例如2的2次方等於4,2的3次方等於8。在前段14個孩子的範例中,遊戲的第一輪讓隊伍長度變成原來的兩倍,第二輪則變成原來的四倍,第三輪會變成八倍。因此,我們可以把每一輪遊戲看成是「乘以2」的運算。第一輪是乘以2的1次方,等於兩倍長;第二輪是乘以2的2次方,等於四倍長;第三輪是乘以2的3次方,等於八倍長;依此類推。

[5] 譯註:是指幾何學中一條直線上的點,理論上幾何學的點是沒有大小的,所以兩個點可以無限地靠近。

老師說：

「14等於……」

跑出來變成第二排的這個孩子馬上回答：

「1」

原先第一排的孩子接著說：

「加13。」

　　然後第一排最後一個孩子往前跑到第二排，依此類推，直到第一排完全消失而被第二排取代為止。進行的過程會聽到如下的對話：

老　師：「14等於……」

第二排：「2」

第一排：「加12。」

老　師：「14等於……」

第二排：「3」

第一排：「加11。」

（依此類推……）

老　師：「14等於……」

第二排：「14加0。」

　　對孩子來說，這就是加總的遊戲，很簡單但很重要。首先，兩排孩子的音量變化創造出一種能反映數字進行狀態的聲音圖像。一開始第二排的聲音怯生生的，而第一排則充滿了信心。

這種情況隨著數字的轉換而逐漸改變，到了最後，第二排可以大聲喊出：「14加0。」每個人都有機會為自己這排而戰，而且沒有人會輸。

　　為了讓今天的活動作個結尾，我們改由16個學生肩並肩站成一排。接著就可以把這排學生「摺」上好幾次，而最終出現的，是與原先排列方向垂直的一排。意思是說，如果我們將一張紙摺非常多次，理論上，紙最後會被摺「平」而在垂直方向上變成一張新的紙！

　　把一排人拿來「摺」，就會出現以下的假設性結果：摺完之後大家不再是肩並肩，而是兩兩面對面，這就是「在垂直方向上摺平」的意思。

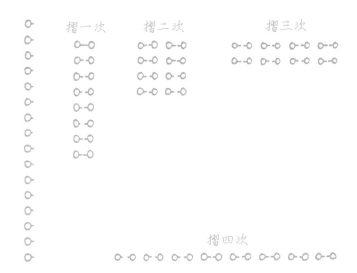

垂直方向第一排16個孩子全都面對同一方向，
摺四次之後，孩子們變成兩兩成雙面對面站著

　　如果最開始排列時，每個人都是面對前一人的後腦杓，或者更好玩地，將雙手搭在前一人的肩膀上，會變成什麼樣子？實際去試試看，兩種情況都能讓我們感覺到幾何圖形的旋轉，這在往後的年級會學到。孩子們在旋轉的過程中要同時保持隊伍形狀不變是非常重要的，這可從孩子們致力於保持自己與鄰近者位置的方式中看出來。第143頁圖中就有一個圖形旋轉的練習。為了保持圖形的形狀，可要求孩子們勾住彼此的手臂。

　　隔天我們要教孩子如何以下圖的方式把加法寫出來：

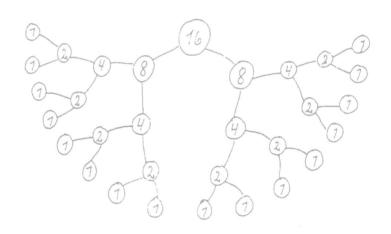

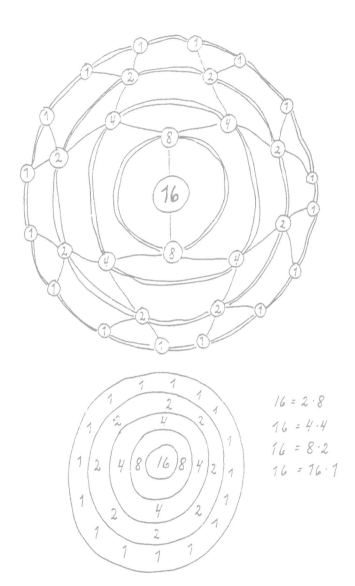

$$16 = 2 \cdot 8$$
$$16 = 4 \cdot 4$$
$$16 = 8 \cdot 2$$
$$16 = 16 \cdot 1$$

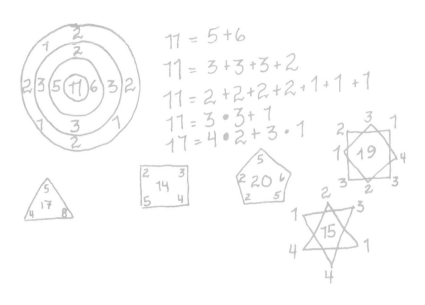

$$11 = 5 + 6$$
$$11 = 3 + 3 + 3 + 2$$
$$11 = 2 + 2 + 2 + 2 + 1 + 1 + 1$$
$$11 = 3 \cdot 3 + 1$$
$$11 = 4 \cdot 2 + 3 \cdot 1$$

在第148頁有一種簡單但重要的加總方式。讓我們再看一遍：

$$14$$

$$1 + 13$$

$$2 + 12$$

$$3 + 11$$

$$4 + 10$$

$$5 + \ 9$$

$$\cdots\cdots$$

$$14 + 0$$

同時，想想下列情況：

　　給孩子們一把核桃——譬如說20個。讓一個孩子把這些核桃放在他的桌子上，並要求他把核桃分成兩部分。分的方式可任意選擇，他決定把其中一邊放7個。從數字小精靈遊戲與其他許多練習的經驗，他會知道另一邊一定有13個核桃。因此他寫出：

$$20 = 7 + 13$$

　　他知道這個加總是對的，因為他可以數核桃。接著，他選擇分開20個核桃的不同方式。如果覺得需要，他隨時都能算算核桃的數量來求證答案是否正確，不過很快就不需要這麼做了。過了幾分鐘他就寫出：

$$20$$
$$7 + 13$$
$$11 + \ 9$$
$$6 + 14 \cdots\cdots$$

　　最後他能找出適當的秩序：

$$20$$
$$1 + 19$$
$$2 + 18$$
$$3 + 17$$
$$4 + 16 \cdots\cdots$$

於是他發現自己已經找到所有可能的組合。以這種有條理的過程將數列寫出來，印證了他的結論。

這是一種加法的「解析性」程序，與「合成性」程序正好相反，而後者讓孩子練習的就是以下題型：

$$7＋13＝20$$

我們已一再觸及孩子心靈特質的問題，並認為此與丹麥政府的「藍皮書」有所關聯。如果我們想實現當中的訓示「……首要的是活動與體驗……」，並將之落實到教學的最小細節，那麼毫無疑問，在孩子能選擇時，一定會全心全意地選擇以解析的過程來學習加法。透過解析的過程，孩子能使用他們的直覺並發揮其想像力。這使得他們有機會來下決定，並能體驗後續的結果，特別對年幼的小孩來說這是非常好的過程。但我們卻太常在孩子成熟度不足的領域要求他們下決定。透過解析的程序，我們能在不揠苗助長的情況下提升孩子的能力。他們越來越熱切想發現所有的答案，並且急於知道什麼時候開始會再也找不出新的答案。相反地，合成性的程序引領孩子通往一個大家已經知道的答案，只不過是等著他去發掘而已——知識成了目標。在解析過程中，目標卻是活動與體驗本身。

兩種方法孩子都應該要學，但應該先學解析法，因為解析法能滿足他們主要的需求。在此同時，解析法甚至觸及了孩子更深層的本性。

當我們說：「此人見樹不見林。」就是指他陷入細節而看不到全貌。這通常可用於形容一個在某領域專精日久最後固持其專長不放的成人。因而在許多方面這也反映出當今社會與公民的特質。

一個受到保護而未接觸到上述教養方式的孩子[6]，可能會被形容為：「看不見林中之樹！」但是要知道，幼小的孩子對每件事情的接觸本來就是全面性的，同時，不論好與壞，幼童也會不作任何批判地就接受這個世界。孩子們視野之寬廣是很難想像的，只不過在他寬廣的視野之下還看不到清楚的細節。成人則正好相反，都是在很狹窄的視野內注意種種細節。

孩子所體驗到的是整體——例如說，他的父母親、父母對他的情感、父母彼此的情感等——只是他沒有辦法對自己或別人描述他的體驗。所以說孩子會深受環境變化的影響。

同樣地，當孩子走近樹林時，他體驗的是樹林的整體。當他進到樹林，所感覺到的還是樹林，涼爽而寧靜，和風徐徐吹來，樹枝跟著輕輕搖曳。成人體驗樹林的方式便大不相同。可以比喻成戴上一副望遠鏡盯著一小叢樹木。他立刻就看到一棵被砍掉的樹頭並開始數年輪計算樹齡。他的小孩卻是對年輪本身感到愉悅——一圈又一圈不停地繞著。

---

[6] 譯註：是指一開始就有機會學習解析法（analytical approach）而非合成法（synthetic approach）的孩子。

　　因此，記住這個樹林的比喻，就讓孩子們先去體驗整體再進入細節吧。

　　這種方式就是早先我們談到第一種數——「本質數」時所採用的方式。我們讓自己先體驗整體——例如海星的放射狀結構。由此我們體驗到本質數5以及它的特性。海星這個整體給了我們本質數5，而5則包含在整體之中——如同我們在一個圓上畫出五角星形一般。我們因此可說，1（unity）是最大的數字，而數字越「大」，它的值就越小！對本質數來說，這種說法是千真萬確的。

　　本質數乃是透過分割的方式來到這個世界的，而孩子的內心，也是透過「分割」而非「相加」的方式來體驗。因此，如果讓孩子第一次對5的體驗是透過1加1的方式，而又相信這種教育方式能與一年級孩子的內在期待相調和，那絕對是不正確的。下圖並非數字5的圖像：

|———| |———| |———| |———| |———|

它是合成性的圖像，由許多小部分所組成。

　　孩子有一種將其內在活動向外展現的需求，不應該從外面強加任何事物在他們身上。根據這個原則，孩子所能理解的數字5看起來會像下圖：

|——｜——｜——｜——｜——|

CHAPTER 8

　　我們太習慣先教加法，因為這是最簡單的運算，就合成性的程序來說，這是完全正確的。然而當我們理解到解析程序更為重要時，那就只能從一種方式開始教：讓孩子做各種形狀的分割。例如，在圓內畫星形。

　　這就如同我們站在北極一樣，我們只能朝一個方向前進——南方。一旦跨出第一步，就會出現四種可能，當中只有一個方向是朝南。算術也是這樣，在沒有任何數字可供運算時，必須先做分割，接著就會有四則運算，分割[7]也只是四則運算中的一種。

　　非常有趣的是，在歷史上，人們向來不認為1是一個數，直到近代才改觀。一直到十五世紀時，荷蘭數學家Simon Stevinus才證明出1是一個數。在此之前，1被視為是所有數的起源，正如萬物源自造物者一樣。古時候上帝之名是如此神聖以致無人敢冒用，1也是如此。

　　於是數字世界始於2，因為它是第一個由整體分割而得的數字。2比1小，因為它源自1。

　　當1不再是起源，或者說「整體」，而只是一個數字，並且2與1的距離不再是被造者與造物者之間的距離時，1就變成僅僅是眾多數字中的一個而已。於是它就需要一個相對參考點來顯示其大小，而0就此被加入了，0與1的距離就稱為單位距離。此

---

[7] 譯註：就是「除法」（division）。

一新的起點本身就是一個圖像，0具有圓的外形，就是整體的象徵。

從此刻起，1不再是最大的數了。事實上它成了最小的數（自然數中），這時「越高位數其值越大」才是正確的說法。

當我們說，本質上孩子要從整體開始，就需要去考慮兩個不同的面向。首先我們將此一說法與「本質數」連結，並讓整體（例如以圓圈表示）被分割（以構成星形）。透過這種方式，我們滿足了自己對數字的「特性上的」需求。其次，也就是隨後，我們可以將交給孩子的一把核桃視為整體，我們就是由這個整體開始，並且在進行任何運算前，我們必須先對這個整體進行分割。經由分割我們產生了區間，經由分配我們產生了部分，從而滿足了我們對解析過程的需求。這兩項練習，都是在整體邁向部分的過程當中，將基數的特性導引出來。而兩種情況也都是藉由有節奏的計算活動導引出序數的特性。

就在這解析性的活動當中，產生了算術運算所需的元素與基礎，而這些元素與基礎，也構成了數字世界本身。因此，最重要的是要能了解——尤其是在教導小朋友時——數字並未存在於我們的周遭環境，而是存在於人類解析性的心智當中。這就是為何分割是數學的起點——並非算術四則運算裡的分割[8]，而是將整體分解成部分的分割。若將數字投射到我們周圍的環

---

[8] 譯註：是指「除法」。

境，則不僅會使數字變得漂泊無根[9]，同時我們也將無法藉由數字來觀測人類一項最偉大的能力。

還是給孩子一塊黏土吧，並要求他將之分成幾塊，例如說，3塊。在他做這件事的過程，他的展現，還有你自己，將可體驗到數字的古老起源。同樣地，讓兩個孩子握住繩子拉緊兩端，並請第三個孩子準確找出繩子的中點。由孩子對繩索仔細審度的眼神以及他猶豫不決的手，我們都能再次體驗，一個數字正隨之誕生。

將繩索平分需要精準的雙眼

接著要求兩個孩子一同將繩索分成三等分，你就能更加確認這個道理。

---

[9] 譯註：因為這種向外的投射與數字的本質完全沒有關聯。

三等分總是容易出問題

最後，要一個孩子手握繩子不動，另一孩子握住繩子另一端並繞圈圈擺盪。這使他們能夠看到「整體」的圖像。

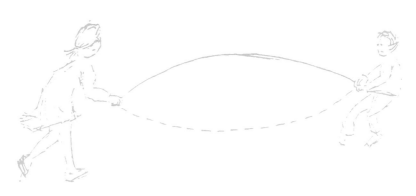

這種古老遊戲是第一個算術課程的好題材

接著要孩子以下圖方式來擺盪繩索：

要做到這樣，我們可能需要一些魔法

在這些過程中，若我們注視著孩子，則我們看到的，是一個正處於活動巔峰的數字創造者，特別是當他準備好要做出第一下擺盪的時候。

隨後在教室裡我們可練習將繩索擺盪出第三與第四種樣態。這需要高超的技巧，在算術課程中這可是出類拔萃、近乎完美的。而這對往後其他的學習也是一種很好的預備——例如，聲學的教導。

透過這類練習，我們讓孩子對數字所產生的最佳體驗，並非透過片片段段的合成，而是藉由對整體的各種分割。

下圖就是本方法的簡單示意：

而不是：

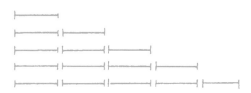

　　正如前面已提過的，另一個算術教學很好的起點，是給孩子一塊黏土並請孩子將之分成相同的大小。

一塊黏土分成兩個。

可以再分。

如果再分一次，就會有8塊黏土。

　　現在我們可以做很多算術習題了，因為我們的世界已經充滿了各種可能性。例如我們可以去體驗8＝5＋3。

　　我們也可將其中幾塊藏起來，讓孩子只看到兩塊，並問他們有幾塊被藏起來。於是減法出現了。

　　同樣地，透過乘法可獲得數字8：

　　而透過除法則得出數字2。

　　我們可以拿起我們的黏土，並賦予它不同的特質。先從一個
整體開始：

　　我們可創造出：

　　接著是：

　　每分割一次黏土便可得出一種新的數字特質，以「基前數」為起點，結果產生了用於詮釋數量的數字。

　　所有基數皆可回溯到一個整體作為起點。此一簡單關係是所有年齡孩子算術的根基。如果我們要求一年級的孩子把黏土分割成24等分，就等於啟動了孩子內在那超乎所有動物所能具備的能力。此種活動必須用到人類心靈的力量。如果我們要一個7歲孩童把黏土分成24等分，就會見證相同的情況。孩子內在對於數的感知會開始啟動，可能是把黏土平分三次[10]，然後把8堆黏土各再分成3份。或者也會有其他可能的分法，每一種都有其特定的思路。也有可能把一整塊黏土直接分成24份，但如此一來就無法綜觀整個過程了。

　　現在想想看如何把黏土分成19等分。19是個質數，我們再次感受到這類數字的獨特性。想把黏土分成19等分會耗去我們許多心力。沒有任何捷徑，比如說，先分成兩半。

　　現在試試看分成50等分！例如先分成兩半，然後各分5份，接著再各分5份。

　　又例如把黏土分成28份。先兩次對半分，然後各分成7份。

　　以此種方式我們可以練習越來越難的題目，但從原理上來說，所用的方法與教導一年級的孩子是完全一樣的：將黏土分成相同的兩半！在各種難度的情況，內在活動不斷地被體驗，

---

[10] 譯註：平分，再平分，再平分，會得到8塊黏土。

但是所有情況都是從整體出發然後得出部分。因此，就不同的情況而言，所有基數都可回溯到1。但就質數而言卻沒有捷徑，只有一種分法。每個質數都是它獨一無二的自己，就算我們所能想像的最大質數也是如此。

所有基數都可回溯至1，那麼，我們或許要問，與序數密切相關的所謂「節奏數」又該溯源於何處呢？此時我們就要回頭看看早先提到數字小精靈遊戲中的學生，當他一邊數一邊往後走到1，並多走一步數出0。他就來到所有節奏數的真正起始點，也就是所有倍數表的真正原點。此即為何先前我們要唸：「開始－1－2－3－4－5」，以及隨後所唸的：「5－4－3－2－1－0」。

當我們在自己的簿本中畫出如下的圖形時，也會看到相同的道理。

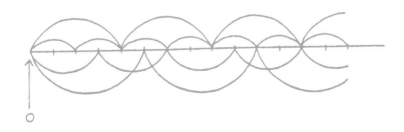

所以說0與1就是我們的起點，就是由此開始而產生出序數與基數。不管我們從什麼數字開始，只要往回追溯，總是會回到

這兩個起點。

　　所有這些體驗都是一年級孩子日常生活的重要部分。我們無法用理論來教孩子這些東西，而必須讓孩子透過自己的肢體和活動來「發現」這些經驗。

　　往後我們能夠將這些體驗提升到思想的層級。比方說教到指數並且思考為何以下算式可以成立的問題時：

$$2^0 = 1$$
$$3^0 = 1$$
$$4^0 = 1 \cdots\cdots$$

也就是說，為何所有數字的0次方都等於1。每個數都與0和1有密切的關係，我們可用以下的式子清楚地理解：

$$a^0 = 1$$

　　此處可看出任意數字「a」與符號「0」和1的關係。「0」的作用是把每個數字背後的1帶出來。藉著此一推理，我們正從相反的方向與一年級孩子走在同一條路徑上——從整體出發最後來到部分。畢業之前孩子能在思想上理解這種0的問題。但一開始孩子只是以雙手根據既定的原則將黏土一次次地分割，例如每次都分成3份。如果要用不同的分割原則，例如要分成28塊，我們仍然是從整體出發，並產生了基數。這就是我們現在對低年級孩子課程的期待。

　　往後的課程會分解28的因數——其實是同一件事，只是說法不同。此時28是整體，要找的是它的因數。

　　在第一種情況，我們手握一團黏土並將之分割。第二種情況則是面對一個基數，一個數量，我們將之「握」在心中，並試圖加以分割以了解其組成。

　　在面對上述關係時，我們遇到小學算術教學的另一問題。此一問題是，如何將外在世界帶進算術裡，就是說「如何把算術轉化成真實？」於此同時，我們又如何能超脫生硬的實體世界去體驗純然的數學定律呢？在此，我們看出了數學的兩個全然不同的面向。它一方面能引領我們進入無法觸摸的邏輯世界，一方面又是解決物質世界實際問題的工具。

　　再次地，我們必須以孩子而非大人的立場出發。

　　當我們遇到年紀很大的老人，可能會由他們雙眼中感受到他們正處在另一個離此非常遙遠的世界。同樣地，很小的孩子也是生活在另一個遙遠的世界，而這也可從他們的眼神中看出。但是兩者看待世界的方式是多麼的不同啊！一個已經走過很長的人生路並逐漸遠離塵囂，另一個則是逐漸貼近現實生活而和我們越來越像。當一者走向物質世界而另一者逐漸遠離時，雙方相遇了。而正如一般的相遇一樣，雙方所面對的方向是完全相反的，也許這就是為什麼許多孩子和老人會有那麼多想互相訴說的話。一個全心期盼要抓住整個世界，對他而言這是單一的、不可分割的整體；另一個則因有了一生閱歷，便能很熱切

地談論這個世界豐富的多樣性、關聯性與複雜的關係。前者對世界所知不多，但內在卻感受到行動的真實渴望；後者則覺得他已經做過了，該是可以帶著這些閱歷離開此階段人生的時候了。兩者都生活在靈性的層次，各有其靈性的內涵，前者有豐富的幻想圖像，後者則擁有清晰的思想。

所以說，我們經常犯的錯誤就是，想把孩子變成小大人——規劃出「理想的」算術課程，給孩子一堆不同的東西，同時卻期望他們能不執著於這些東西本身而只看到「東西的數量」，也就是基數。我們把孩子帶到物質世界，接著卻又立刻要他抽離物質世界，只讓他帶著數的概念，問題是這些數的概念並不存在於物質世界，而是存在人類豐富的內在生活。與此同時，我們也無視於成長中孩子對於所遇到每件事的熱切興趣，而不合理地期望他會喜歡算術課堂上那些所謂必須演練的習題。於是我們強迫孩子進入邏輯的世界，也就是老人捨卻物質世界之後而提升到思想層次的世界。

孩子不應該捨卻物質世界進行抽象的思想，而應該將其意志注入物質世界。

因此我們以雙手抓住黏土並進入當中，在其間創造出屬於我們自己的多種可能性。而其實這也是同一個東西的多種可能性，我們可依此來計數而不會出現任何錯亂。以此方式我們能慢慢地將幻想的圖像轉換成思想的圖像，而以這種新學到的思考和計數能力，我們也能持續進入物質世界。往後，終有一

天，我們將能以數學來掌握世界，而背後真正的原因在於，我們已能將內在的思想具體化。

用實體的東西來計數是非常必要的，但必須是孩子自己創造出來而又不會令他分心的實體——因為孩子會全然專注於創造的過程，也因為這些實體都是相同的。

去除了外在的干擾，想像的圖像便得以在算術與外在的（同時也是可觸及的、實體的）事物之連結過程中，轉換成思想的圖像。

當孩子跨出算術的第一步時，確實是需要一些實體，但這些實體應該是要用來協助（而非阻礙）孩子的學習過程。正如同許多父母觀察孩子邁開第一步的有趣過程一樣——小孩早已能藉助桌子或母親的手而站起來，但還不敢走出探險的第一步。會有那麼一天，孩子手握毛刷站在那兒，而就是這支毛刷的支持，讓他感覺好像抓住穩固的桌腳一樣——於是他就能安然而平穩地穿越房間，走過去拉住父親的褲管。

毛刷是孩子探索困難重重的物質世界時一項必要的支撐。它很輕，不會對孩子的行動造成負擔與干擾，因此孩子能以手握住它來學習走路。當孩子把毛刷高高舉起時，並非要將它交給父親，而是走路時需要它來做支撐。

同樣地，黏土團（或一把核桃、豆子或其他不管什麼東西）並非一種負擔，而是感官在實體上的必要滿足，如此在練習算術的同時，思想的運行便能得到平衡。

　　往後我們便能使用不同種類的物體而不會搞混，但並非為了抽象的概念而要刻意不同，而是因為它們就是從環境中信手拈來的。

　　毛刷到最後已經沒什麼用處，但我們還是拿著它四處行走，並且樂於知道，我們實際上已經不需要它了。同樣情況也可用在黏土團。需要的時候，我們可以使用它，但同時也知道我們有能力只運用純粹的數字，並且能夠體驗這樣的自由。這點非常重要，而我們也能在不迷失於抽象概念的情形下辦到。

　　在前述例子中我們捨卻抽象概念，而用了許多圖像的方式來說明純粹數字的運用。通常是在從數數轉換到基數的過程中導入這類練習。魔數方陣也是屬於此領域的另一種練習。我們可從杜勒（Dürer）的版畫〈憂鬱〉（*Melancholia*）中找到經典範例[11]。

　　魔數方陣可用以下的方式來構成。首先將一個大正方形切割成許多小正方形，並且把1到16的數字填進去，如下頁上圖。

---

[11] 譯註：文藝復興時代德國藝術家杜勒，曾於1514年創作一幅名為〈憂鬱〉（*Melancolia I*）的版畫。在此作者提到這幅版畫，是因為在版畫的右上角就有一個魔數方陣。作者在後面補充說明會提到，Melancolia I其實是「遠離憂鬱」的意思。

| 1 | 2 | 3 | 4 |
| 5 | 6 | 7 | 8 |
| 9 | 10 | 11 | 12 |
| 13 | 14 | 15 | 16 |

接著以下圖的規則來調換數字：

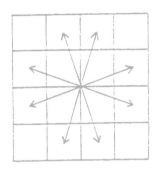

於是可得出：

| 1 | 15 | 14 | 4 |
| 12 | 6 | 7 | 9 |
| 8 | 10 | 11 | 5 |
| 13 | 3 | 2 | 16 |

　　將魔數方陣中任一行或列的數字加起來，都會得到相同的數值34。對角線數字相加也是同樣的結果。取任一組對稱於中心點的兩個數字相加都是17。於是，我們可根據角落的數字寫出一系列總和等於34的數字組合。例如：

$$12-8-5-9$$
$$12-15-5-2$$
$$1-10-16-7$$

　　杜勒的魔數方陣則略有不同，他是以下圖的規則來掉換數字的：

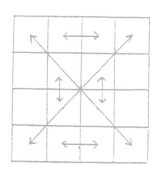

看起來就像這樣：

| 16 | 3 | 2 | 13 |
|----|---|---|----|
| 5 | 10 | 11 | 8 |
| 9 | 6 | 7 | 12 |
| 4 | 15 | 14 | 1 |

　　順便一提，杜勒版畫的全名其實是〈憂鬱I〉（*Melancolia I*），當中的「I」是「遠離某處」之意。此一全名相較於原本的短標題〈憂鬱〉，有著完全不同的詮釋，反而更能與圖形的內容產生較佳的對應。例如版畫中的太陽與美麗的拱形彩虹就很難與憂鬱聯想在一起。

　　言歸正傳，我們可以用下圖的方法來建構另一種魔數方陣：

| 3 | 16 | 9 | 22 | 15 |
|---|----|---|----|----|
| 20 | 8 | 21 | 14 | 2 |
| 7 | 25 | 13 | 1 | 19 |
| 24 | 12 | 5 | 18 | 6 |
| 11 | 4 | 17 | 10 | 23 |

在左圖中間5×5方陣中的數字和右圖是相同的，

5×5方陣外的數字則從左圖內移出，移至右邊的方陣中

在此方陣中，任意一行、列或對角線內所有數字的和均為65。四個角落的數字總和為52而非65，因為只有四個數字，少了第五個。我們發現這第五個數字就在魔數方陣的中心。孩子們可找出許多四個角落與中心13加總成65的不同魔數方陣。

發現這些組合時，孩子們會體驗出極大的樂趣，同時也強化了他們對數字的掌握能力。

在節奏轉換到數量的過程中，還有一些純粹數字運算的其他例子，說明如下。第一個例子可以用很簡單的方式，讓孩子從很早就開始練習；而多年以後，我們會在數列加總與等差級數的公式中再次遇到這個練習。這個練習能有無窮的變化，例如可以取長的數列或短的數列，或者取奇數個或偶數個數目字等等。

題目是要從1加到10，可以用下圖方式來解：

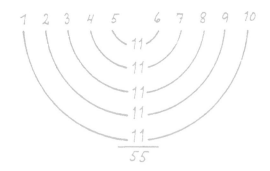

也可以在數列的最前頭加一個0，如下頁圖。如此5就被獨立出來，但數字加總並未改變。

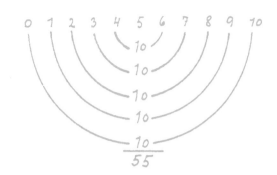

我們可把數字10分成兩個5，一個放在0這端，另一個放在10這端。接著可以從9拿走4並放到1的位置，於是在1和9的位置也各有一個5。依此類推，原有數列的加總：

$$0+1+2+3+4+5+6+7+8+9+10$$

就會變成：

$$5+5+5+5+5+5+5+5+5+5+5=11\times5=55$$

對孩子來說，把數列中的數字平均化並使每個數字相等，是很細微的練習。如果要加總的數字有奇數個，那麼總是會有一個中間數字；當數字是偶數個時，我們也總能在最前面多放一個0使之變成奇數個。掌握這種基本型態，我們便能發展出許多與乘法相關的範例。

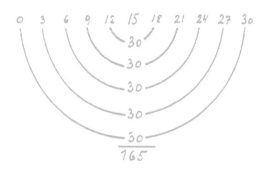

　　若是像以下的不規則數列：

$$1 \quad 4 \quad 5 \quad 7 \quad 10 \quad 12 \quad 14 \quad 19$$

則我們需更進一步去感覺。一開始可假設所有數的平均是10。
據此，我們將19中的9取走並放置到1之處，於是得出：

$$10 \quad 4 \quad 5 \quad 7 \quad 10 \quad 12 \quad 14 \quad 10$$

　　接著從12當中取走2，14當中取走4，並把取走的總數6加到
數列中的4，於是又出現另外幾個10：

$$10 \quad 10 \quad 5 \quad 7 \quad 10 \quad 10 \quad 10 \quad 10$$

　　現在可看出10似乎不是平均值，那就試試數字9。5需要加
4，那麼就在右端4個10各取走1。於是變成：

$$10 \quad 10 \quad 9 \quad 7 \quad 9 \quad 9 \quad 9 \quad 9$$

最後可得：

$$9 \quad 9 \quad 9 \quad 9 \quad 9 \quad 9 \quad 9 \quad 9$$

這類練習並非每次都能獲得單一整數的答案。因此我們只能盡其所能來做，另一方面也要等待後續的課程來學習找出更佳解答的方法。例如，針對以下數列：

$$5 \quad 7 \quad 8 \quad 11 \quad 17 \quad 18 \quad 20$$

我們想到了數字11（因為11恰好在正中間），並且採取下圖的調整：

於是得出：

$$11 \quad 11 \quad 11 \quad 11 \quad 11 \quad 14 \quad 17$$

顯然11並非要找的答案，所以我們試試12。從17當中取走5並分到其他11中。於是得出：

$$12 \quad 12 \quad 12 \quad 12 \quad 12 \quad 14 \quad 12$$

現在我們了解，已經無法再找到更好的解答了，因為有一個

數字多了2。

　　課堂上總是有些孩子覺得這類分配數字的題目很困難。因此，以核桃來帶領孩子進入這類練習是需要的。例如，我們可以請孩子把4個核桃放成一列，第二列放5個，第三列則放6個。然後要求他們把核桃重新分配，使每列核桃一樣多。這時我們只需移動1個核桃。

　　對孩子來說，能夠理解這個例子中僅需移置1個核桃就能完成任務，是很重要的一件事。慢慢地，同時也肯定地，我們能嘗試越來越難的題目。

　　在前述數字分配的習題中，曾有餘數出現。以下練習是類似的，我們同時會用到「求平均值」和「估算」兩種能力，而發展出估算的能力是非常重要的。

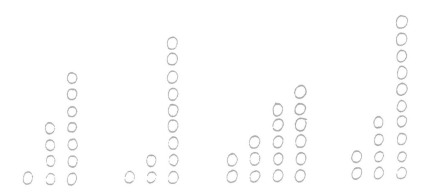

　　找11個孩子，發給每人特定數量的核桃，例如10個。讓他們圍著桌子坐下。當中讓10個孩子每人用一手抓幾個核桃，並將核桃放在桌上用手蓋住，另一隻放在桌底下的手則抓住自己剩餘的核桃。當第十一個孩子一聲令下，其餘人迅速把手拿開，時間恰好夠讓第十一個孩子能一個接一個看到在場每個人的核桃後，大家再迅速將自己的核桃蓋住。然後讓他估計核桃的數量，藏在手中的核桃有多少個，而桌上的核桃總數又是多少。我們是在教他一種獲取核桃總數的估算方法——估計每個孩子手上核桃的平均數目，然後乘以10。接著看看實際情況是否符合。最後，可以問問第十一個孩子，看他究竟記得幾個人的核桃數目，而對於他所記得的那些數字，再請他說出桌面下另一隻手應該有的核桃數目。然後就換另一個孩子來玩。

　　在孩子的求學生涯裡，學習估測並加以求證是非常重要的過程。透過這樣的教學，我們可以免除許多無意義的答案。

　　以下的小遊戲對此種學習非常有用。老師先在手裡抓一把核桃，例如24個。請一個孩子將老師手裡的核桃分給其餘3人，且盡可能分成相同數量。他只能很快看一下老師手中的核桃，就得說出要拿多少核桃給第一個人，例如，可能是6個。老師就把6個核桃交給第一個人，接著讓練習的孩子很快再看一次老師手裡剩餘的核桃，並判斷是否也要給第二人6個核桃。這次他的決定或許是10個，老師就給第二人10個核桃，接著所剩的核桃就交給第三人。

　　排列起來不大對勁，於是他迅速從10個核桃處拿起2個補在6個核桃之處。接著老師再次把所有核桃拿在手裡，要孩子們用眼睛仔細觀察，並要他們告訴自己——24個核桃看起來就像這樣。

　　有時候也可把核桃撒在桌上並用手巾蓋住。允許孩子們很快看一下，然後要他們估計核桃的數量。

　　有了這類遊戲，孩子心中就會充滿各種變化和改進的想法。有些效果很好，有些則不那麼管用。最好讓孩子們每種都試試——即使是最不管用或最不正確的也要試——因為這可以協助孩子發展出能實際應用他們想法的能力。

　　現在，我們來做10頂錐形紙帽。將之編成1到10號，每一頂都在帽子周圍各處寫上號碼數字，以便從各個角度都能看到號碼。把帽子分給10個孩子，並讓他們圍成一個圓圈。老師說出一個數字，例如7，孩子們就要兩兩配對，使其加總數值等於老師唸出的數字。配對好的就走到牆邊，剩下沒配成對的，就試試運用加或減來達到所要求的數字。代表加的孩子站著，代表減的孩子則坐在他們旁邊。達到所要求的數字時，整組移動到牆邊。有沒有可能讓所有人都移動到牆邊呢？

一些孩子會覺得有點困窘，有些則相反。不過，最後都可以配對成功

於是3很快找到了4，而2則和5互相擁抱起來，最後1也和6在一起了。下一回合就得花比較久的時間，不過只要稍加協助，他們就能找到以下組合：8＋9－10＝7。現在只剩下7這個數字了，從一開始他（她）就知道自己會落單。讓我們看看是否也可以把7帶到牆邊去。為了達到這個目的，我們得用到已經站在牆邊的數字，試試看各種可能，可使用超過兩個數字。其中一種可能是：

$$7＋5－3－2＝7$$

最後孩子會自己發出一個很明顯的疑問：可不可能全班加起來等於7而同時一起來到牆邊？

這個問題也是可以解的。參照以下圖形，大家對這種圖應該很熟悉了，並加以推論，除了7之外的所有數字都應該相互抵消（也就是說，加起來等於零）。

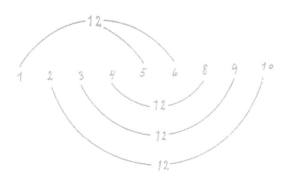

可以做出4次12的加總，並用以互相抵消

　　如果我們增加第十一個數字「0」的錐形帽，整個問題就可以用另一種很簡單的方式來解，因為7＋0＝7。

　　現在我們請10個孩子再度圍成一圈，並要求他們找人彼此相乘，使乘出的結果介於10和20之間。

　　10立刻知道要選擇1或2，因為這是達到目的僅有的選擇，但9更快地就挑走了2，因為這是他唯一的選擇。於是留下1與10配對，而顯然這對1也是最好的。2並不很確定要找誰配對，不過在他決定之前，9就以驚人的速度率先找他配對了。7和8忽然覺得找不到人配對了，雖然一開始他們很活躍。3的反應很不同，他一直保持平靜，知道一定有人會需要他。他很清楚為何6會急切地要找他，但他也協助4和5理解，他們兩個配成一對也是可以的。

　　這個遊戲也可以有其他種變化，可以使用除法和減法。

　　例如，老師可把1到10寫在地板上圍成一圈。之後讓孩子們戴上錐形帽站在各自數字的位置。接著老師在黑板上寫一個數字，例如8，並且要孩子們站在一個數字上，使自己頭上的數字和地上的數字加起來等於8。有些人必須離開圈圈，因為他們達不到所要求的數字。全班可以看到遊戲的結果，並立刻知道為何圓圈上有三個位置沒有用到[12]，也知道為什麼4會很神氣地站在原處不動。

---

[12] 譯註：10、9、8三個數字無法與地上1到10的數字相加之後等於8。

　　如果使用減法，就變得稍微複雜些：應該用錐形帽上的數字減去地上的，或者是地上的數字減去錐形帽的？也許最好的選擇是同時容許這兩種可能性。不管何種情況，都有許多孩子必須要離開圈圈，用到乘法或除法時，必須離開的人就更多了。

　　現在我們要在地板上做出一個 10×10 的方陣，以容納 1 到 100 的數字。如果能有邊長 50 公分（18 英寸）的方形瓷磚鋪成的地板就太棒了。也可以單純畫出交叉的十字線，並在框起的方格內放入一些數字，比如說下圖的數字。孩子們將能很快就找到相關的數字。

| 1 | | | 5 | | | | 10 |
|---|---|---|---|---|---|---|---|
| 11 | | | 15 | | | | 20 |
| 21 | | | 25 | | | | 30 |
| 31 | | | 35 | | | | 40 |
| 41 | | | 45 | | | | 50 |
| 51 | | | 55 | | | | 60 |
| 61 | | | 65 | | | | 70 |
| 71 | | | 75 | | | | 80 |
| 81 | | | 85 | | | | 90 |
| 91 | | | 95 | | | | 100 |

老師接著可以對戴著錐形帽準備好了的孩子們說：
「每個人站到自己的數字上！」
於是孩子們站在第一輪的10個位置。

「在帽子的數字上加5！」

現在大家站的位置是6到15，原來排成的一列被斷開了，並且1與10站得很接近。

「帽子的數字加上15！」

排列的型態與最開始的幾乎一樣。

「帽子的數字加上22！」

排成的一列仍是被斷開的，但發生在不同位置。

「帽子的數字減去4！」

此時有些孩子離開遊戲了。

「現在回到原來的位置，當我說『開始』時，把帽子的數字乘上2，並且走到新的位置！」

原來1到10的一列變成了兩列，且彼此之間都隔著一個空位。

「把帽子的數字乘以3！」

現在我們看到一個圖案浮現出來，我們可以先記住它，也可以隨後將它記錄在書本上。

「乘以4！」

「乘以5！」

現在出現的是很特別的圖案。

……

「把帽子的數字除以2！」

隨之出現短短一排，數字是1到5，而有5個孩子必須離場。

「除以3、除以4！……。」留在方格內的孩子不多了。

「將60除以帽子的數！」（這種玩法須在事前做好詳盡的準備。）

此時孩子們會散得很開。


在學校體育館的地板上應該設有100個方格的永久性圖案，因為這對算術的學習是很有幫助的。不過，有些這類練習也可以用數字線來做。例如，試著用1去乘以3到4等數字，看看隨之而來的移動情形以及所出現的圖樣。

同樣的練習還可以用不同的方式來進行。找一天請孩子們帶手電筒到學校，聚光效果要好。在黑板上畫上方格並填上1到100的數字。遮住教室的光線，並請10個孩子打開手電筒照在自己的數字上。當我們下達各式各樣的指令時，例如「把自己的數字乘以3！」便可在黑板上看到結果圖樣。

數量 CHAPTER 8

以下是另一種從節奏轉換到基數的遊戲，當中有許多加法的
練習：

「把數列上每隔一個的數成對加在一起！」

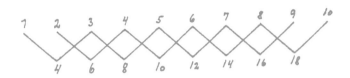

「每隔兩個數成對加在一起！」

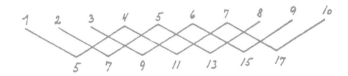

「每隔一個數相乘起來！」

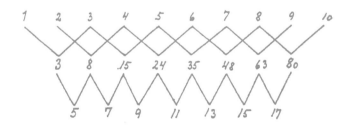

當孩子們看出數列形成的圖樣，就準備好進入下一個問題
了。

將前三個自然數做（1×3）＋2的運算，並將此規則運用到隨後的自然數，於是可得出：

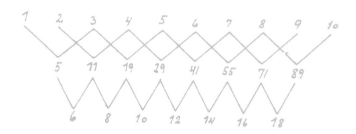

同樣地，也可以用1×2×3的規則來進行：

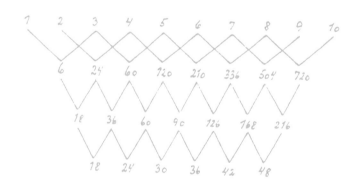

孩子們可以自己改變規則來玩遊戲，也許會出現以下兩種不同的和：

（3×2）/1，（4×3）/2，（5×4）/3 ……

及（1×2）＋3，（2×3）＋4，（3×4）＋5 ……

隨後讓他們做較難的練習，諸如以下題型：

（1×4）＋2＋3，（2×5）＋3＋4 ……

（1×3）＋（2×4），（2×4）＋（3×5） ……

1×3×4，2×4×5 ……

1×2×4，2×3×5 ……

# CHAPTER 9 總結——關於記憶、遊戲和數學

　　前面的章節我們嘗試去描述三種數的經驗。身為成人的我們對此有著不同層次的體會。當中對我們影響最大的是基數，因為這是我們日常生活中經常會用到的；節奏過程的體會，實際上是序數的基礎，對我們而言重要性稍減；至於「本質」數，我們只在某些個別的時刻才會去體驗到，例如，很貼近地觀察自己的情緒狀態時、著迷於植物之美時，或者驚嘆於礦物世界的幾何造型時。

　　對孩子而言，情況卻恰好相反。他們多數時間都處在有節奏的活動狀態。當我們觀察一個正在遊戲當中，或是正與父母親一起散步的小孩時，便可獲得證實。至於本質數，孩子們會透過童話故事中各種奇遇情景所描述的數量和圖像關係來加以分辨。另一方面，孩子對基數的理解則是建立在「1」和「不只1」或者「很多」這種不太明確的基礎之上的。

　　孩子一路來到我們的世界，我們必須在旅途上陪伴他，用教導來支持他。教導滋養心靈正如食物滋養身體一樣。生命旅途

所餵養孩子的食物有較多物質的特性，而教導則是無形的。孩子的心靈與身體是緊密相連的，而身體則受節奏性的過程所左右，這正是我們教導年幼孩童時所必須遵循的。食物一旦進入體內，就會受到節奏的影響。此一過程始於牙齒的咀嚼，並且在整個消化道持續進行。同樣地，我們的教導也要有節奏感，在前述章節已舉出許多用於教導低年級孩子的範例。

在孩子經歷低年級的過程裡，他們心靈與肉體之間的連結逐漸遞減。到了三年級轉成四年級的時候，記憶與理解的能力就比剛進學校時要強得多了。

用心智來學習的能力增長了，這在算術的教學上是很顯著的。先前已經提過，用心智來學習是很根本的，而所使用的方法也非常重要，這正是本章隨後要探討的。

當我們研究記憶的活動，便可明顯發現，過去人們對於「記憶的圖像如何出現在人類心靈中」這種觀念是非常不精準的。這些描述多半是基於一種信念：在觀察的瞬間，我們會把圖像貼附到感官知覺裡。當知覺停息時，圖像就存放在心靈中，因此在回憶的時候，便可將圖像由心靈中重新取出並放到意識裡。

然而，所有的自我觀照都顯示，我們之所以有記憶，並非我們把記憶完整地存放於內在並隨時準備將之重新喚起，而是在我們每次看著記憶時，它們都會再度被創造與更新。舊有的圖像並不存在，舊有的音樂也是，都必須重新創造。或許我們會

以為音樂存在唱片中，但音樂並非直接存在，而是間接存在，因為存在的不是音樂而是溝紋，是溝紋產生音樂的。每次聽唱片時音樂都會重新被創造出來[1]。在現場音樂會中，經常會有每次開演都必定演奏的「恆久曲調」，但這些曲調也一樣是在演奏中重新被創造出來。

在此我們可能要問，人們記憶圖像中的「恆久曲調」會是什麼？

仔細研究我們一生的記憶，及其在生命不同階段時的強度與特性，便可很清楚地看出記憶賴以存在的基石。為何我們全都對兒時的記憶如此清晰？為何所保存的是這種範圍與強度，而沒有別種？什麼會去伴隨往後經驗，而又同時會烙印在我們記憶裡？而「烙印在記憶裡」這句話究竟是什麼意思？

或者換一種說法，究竟是生命的哪個部分，能對感官印象有如此敏銳的感應，使我們有辦法將之再度喚起？從孩子們的生活情況我們可以很清楚地看出，人類記憶的能力與我們肢體的活動和生活中的情緒有著絕對的關係，而這又與節奏的過程息息相關。這些節奏過程大大地主宰了我們幼年的生活。隨著時光流逝，我們漸漸與這些節奏性過程分離，自然地，我們也變

---

[1] 譯註：唱片是1970年代以前儲存聲音的裝置，是以塑膠製成圓片狀，其上有深淺變化的溝紋，與電唱機上的唱針搭配便可依溝紋深淺變化而發出聲音，如同錄音帶搭配錄音機的磁頭、CD片搭配CD播放機的雷射讀取頭一樣。因較年輕的讀者可能沒見過，特此說明。

得更為自由與獨立而不受其影響。所有我們的經驗都會影響我們的意志與情感。如果能持續檢視我們的脈搏與呼吸，就能看出此乃一種檢測我們心理狀態的敏感裝置。我們的經驗就這樣以「記號」而非「圖像」的方式註記在心靈上，使我們內在觀察時能看得到它。而內在觀察與透過感官的外在觀察一樣，都需加以想像才能辨識出所觀察的對象。就記憶的情況來說，我們辨識出自己想像的圖像——是以前我們見過的圖像——於是我們就稱它為記憶中的圖像。其實這些想像的圖像也是新的，並且僅存在於回想的時刻。而整個過程中恆久烙印在心靈上的卻是情緒的印象。

　　因此，當我們想知道什麼是記憶內的恆久特性時，就不能只是考慮生活中的「思考」層面，而必須探究得更深。所以說，在教導幼童時，所能想到最糟的方式，正是要他們回家用心預習第二天的課程。這樣做就等於是要求孩子在放學回家之後，使用自己仍然依賴著節奏與情感的心靈，憑空去體驗一種隔天上課才會用來創造記憶圖像的印象[2]。這樣的要求對孩子來說實

---

[2] 譯註：這個年齡層的孩子，其心靈仍然深深依賴著節奏與情感。換句話說，只有在上過課之後（課程必須以節奏與情感來銜接孩子的心靈），孩子心中才會出現一種印象，根據這種印象，孩子才能把上過的課程內容創造成記憶的圖像。因此，如果要求孩子在家先預習，孩子根本無從在內心產生這種印象。既然無法產生這種印象，孩子又怎能記住在家預習的內容以便隔天上課之用呢？所以作者才會說「在家預習」是最糟的教導方式。但作者所針對的是這個年齡

在是太過分了。

　　比較好的做法是在學校下課前練習倍數表的遊戲。在此我們突然都變成孩子，一起做相同的事，同心協力把事情做對，並協助彼此發現許多有趣的關係。我們一起在一個大房間的地板上來回走動，經歷了各種興奮並體會到多種可能的組合。簡言之，在此我們提供了用於產生印象的所有元素，於是到了明天，孩子的「內在黑板」裡就有一些可進行觀察的事物了。

　　由此可知，倍數表能提供我們純粹做記憶練習時最好的想像方式。起先我們只把重點放在純粹的數字，此階段我們不讓遊戲受外在物體的影響。接著，我們有機會使自己投身於節奏的關係中，並因而發現自己來到了一個境地——在此能創造出記憶圖像所需的基石。因此，若能珍視節奏並適度加以運用，倍數表將是孩子們做純粹記憶練習的第一個所在。

　　以這類練習為孩子打好基礎之後，我們就可以在任何特定領域讓孩子做家庭作業了。對低年級孩子來說，若家庭作業本身並沒有強烈印象作為基礎，則很難期待這種家庭作業能產生什麼作用。因此，在給孩子出家庭作業之前，我們一定要問自己，是否已經確定這些作業能在孩子心中產生持續的印象，比如說，使用故事、律動或者學校課桌上的核桃，並將之分成不

---

層尚未做好準備的孩子。以下內容作者會提到，一旦以倍數表來做節奏與記憶的練習，孩子就能做好準備，之後便可以做家庭作業了。

同大小的幾堆，或排列成正方形與三角形等等。這樣做後，我們就能確信這些印象本身就會等在那兒並期盼能在某個時刻被提升到意識之中。這些事情隔日就有可能在學校發生，我們便可以用家庭作業來為這些預做準備——而這些家庭作業的屬性必須介於孩子情感世界與思想世界之間，或者換一種說法，就是要含有音樂成分的家庭作業。

　　家庭作業也必須以孩子的屬性為基礎，而不是以我們所希望的樣子為基礎，除此之外別無他法。我們太容易會給孩子以「傳授基礎知識」為目的的家庭作業，而這很難滋潤孩子的意志與自我情感。對一個8、9歲的孩子來說，早上上課時和隨後回家做作業時，都是同一個年齡。他整天都需要以活動來體驗——算術課也是一樣。

　　正如之前我們用過的譬喻，孩子正走在通往世界的路上，與逐漸遠離世界的老人相遇。我們可假想有些老人是資深的數學家，讓我們聽聽他們與孩子的對話。這將會非常有趣，因為他們可以討論兩者所共有的重要體驗，正如經常被指出的，兒童遊戲與最困難、最先進的數學之間差距是很小的。從某些角度看來，兒童遊戲和數學一樣，其層次是在物質世界之上的。在遊戲中孩子使用物質世界的物體，卻能夠不受限於物體的一般定律而創造出屬於自己的規則。孩子所用的物體必然是完全遵循源自孩子幻想與渴望的新規則來運作，並且會在彼此間建立起全然不同的關係——不同於孩子長大一點之後，不再對這些

物體產生幻想時,這些物體自身之間的關係。

在偉大數學家的世界裡(不僅僅是老數學家),我們也能看到相同的情形。他們的思想超越塵世之上,而若他們真的用到塵世的物品時,物品只是被用來作為表徵其他事物的圖像而已。紙上的一條線或一個圓,是用來代表一條理想的直線或看不見的理想圓,這些都只存在於心靈的層次。圓的切線,畫在黑板時與這個圓的接觸點其實有無限多個,但在概念的世界裡二者只在一點接觸。人們一再提到幻想與想像在數學中所扮演的重要角色,以及如何在幻想與想像的境地創造出無限多種的數學型態——這些型態不只建構於成人的思想世界,也建立在源自孩子們直覺的遊戲當中。

遊戲與數學是密不可分的。它們互相伴隨,卻以非常不同的型態展現,正如同一個家庭的孩童與長者,在相遇時——互有關聯卻各自朝著自己所屬的方向。

此處我們用「長者」來譬喻數學,以圖像的話語來說,並不是平常各處所見所學的數學,而是指最高層次的數學。就是在這樣的層級可以把數學和兒童遊戲相提並論。

還有另一個因素讓這點變得非常重要。我們經常看到偉大的數學進展並非來自年紀大的數學家,而是來自較年輕(有時非常年輕)的數學家(如Abel[3]、Gauss[4]、Pascal[5] 等人)。他們

---

3  譯註:Niels Henrik Abel(1802-1829),挪威的天才數學家,數學界的諾貝爾獎Abel Prize就是以他為名。19歲進入大學就讀時已經是當

仍保有年輕人的靈感，而那建構其數學天賦的感官也仍然能夠影響他們。偉大的數學創作並非從賣弄學問的證明步驟開始，而是源自一種渾然天成的、直觀的統合性與完整性體驗。數學的證明，也就是要展現給其他人了解的邏輯思維，是隨後才出現的。這些偉大的創造者與孩子走著相同的路線，只不過方向相反。而他們也仰賴同一種經驗──例如發展出能憶起早期童年經驗，並將之與平衡覺、移動覺[6]等互相關聯在一起的特殊才能。

因此，若要尋找教導幼童數學的真正有用題材時，我們可以在探討孩童的發展與偉大數學家的生活這兩方面獲得助益。

---

代挪威知識最淵博的數學家。在Abel之前，數學家們一直苦於無法找出一元五次方程式的一般性解法，此一困擾長達250年；而Abel則在1824年23歲時就發表論文證明一元五次方程式的一般解是不可能求得的。

4　譯註：Carl Friedrich Gauss（1777-1855），德國數學家與自然科學家，有「數學王子」的美譽，是史上最有影響力的數學家之一。年輕時就展現非凡的數學才華，21歲以拉丁文寫出一本關於「數論」的教科書 *Disquisitiones Arithmeticae*，當中除了蒐羅許多數學家的論述之外，也增列了自己所發現的全新論點。

5　譯註：Blaise Pascal（1623-1662），法國數學家、物理學家、發明家、作家與基督教哲學家，從小也是一位天才型人物。未滿20歲就開始研究計算器，並以三年時間發明了機械式計算器，為計算機領域的先驅。除此之外對流體、氣壓與真空的研究均有卓越貢獻。

6　譯註：這是Steiner所說人類有十二種知覺感官當中的兩種。

# 致謝　為孩子們傳遞一份珍貴的禮物

這是上天送給孩子們的珍貴禮物。能看著孩子們打開這份禮物，將是多麼美好的一件事；而能為孩子們傳遞這份禮物，又是多麼大的榮幸！整個傳遞過程讓我深深感受到，一件美好事情的發生，背後其實有無數良善心靈默默的耕耘與祝福。若非有幸能藉著翻譯的機緣將這些良善心靈編織起來，單純的翻譯是無法成就這件美好事情的！因此，除了感謝上天的奇妙恩典之外，我要在本書正式出版之際，向這些默默耕耘的良善心靈表達最深的謝意。

感謝原作者Henning Andersen將這份上天的恩賜化成文字並且傳遞出來；感謝AWSNA已故前總編輯David S. Mitchell先生和Archie Duncanson、Verner Pedersen兩位英譯者將這份禮物帶到英語世界；感謝磊川華德福學校林玉珠校長將這份禮物從英語世界帶回台灣並加以實踐。由於這些前輩們的努力，才初步奠定這份禮物現身繁體中文世界的契機。

在翻譯的過程，感謝磊川林玉珠校長、紐西蘭Taruna華德福師資培育學校Robin Bacchus老師、海聲華德福學校Oliver老師、信義國小張惠珍老師，以及朝陽科技大學視覺藝術系李慧芳老師。這些前輩在我對英文原作的閱讀產生疑惑時，給了我許多

指點，使翻譯工作能繼續推進。感謝善美真華德福學校戴照華老師，雖然他實在忙到沒時間審閱譯稿，依然熱心引薦苗蕙雯小姐來為本書校訂。當然，接下來我要感謝苗蕙雯小姐。蕙雯與我原本素昧平生，甚至直到整份譯稿校訂完成並送交心理出版社之後，我們才有機會初次碰面。當時只憑照華老師引薦後的一封email，蕙雯就慨然允諾投入勞心勞力的校訂工作，並且在過程中看出許多我所遺漏或對原意有所誤解的部分，使全書的語意更為順暢，這樣的俠氣與胸懷實在令人敬佩。

對於本書的正式出版，我要由衷感謝恩師成功大學顏鴻森教授對出版事宜的指點與鼓勵；同時也要感謝顏教授、暨南大學佘日新教授、卓越領導力學院陳建宏執行長、台中教育大學游自達副教授、台中市信義國小楊琇玲校長、海聲華德福學校張宜玲校長，以及磊川華德福學校林玉珠校長等諸位前輩。他們都是在百忙之中撥空仔細閱讀本書，並將讀後的感受與其多年經驗融合起來寫成推薦序。相信讀者們在這些前輩的現身說法下，必能深刻體會這份禮物的精髓。我還要特別感謝AWSNA已故前總編輯David S. Mitchell和心理出版社林敬堯總編所率編輯團隊的大力協助，本書的繁體中文版才能順利發行。

除此之外，我還要感謝每一位願意展閱本書的讀者，您才是譯者所說「美好事情」背後最大的祝福。您的展閱與隨後的行動才真能讓更多孩子在盡情玩耍中學好數學，也惟有如此，上述前輩們和譯者所做的一切努力才真能產生意義與價值。而

致謝

在此同時，我也要向讀者們表達深深的歉意。雖然這本中譯版的每一章都校對過十次以上，包括苗蕙雯小姐、心理出版社編輯林汝穎小姐和譯者本人，但每次校對還是會發現翻譯不周之處。然而，2004年迄今已經九年，若不暫時告一段落，恐怕會延誤上天的美意。因此才懷著忐忑不安的心情讓這份中文本就此發行，但也深知書中必然還有許多疏漏與謬誤。懇切期盼各位讀者，在您看到這些疏漏與謬誤時，務必來信指正，使我們有改進的機會，讓這份中譯版未來能更貼近作者的原意。

最後，我要感謝我的家人。尤其是我兩個孩子，他們天使般的熟睡臉龐，是支撐我完成整個翻譯工作的最大力量；還有我年邁的雙親，他們五十年如一日地操持家務、奉獻家人，使我在面對崎嶇道路時，能學會安步當車、持續前行。

張評順　謹誌

2013年4月

# 譯者簡介

## 張評順

　　1962年出生於台中市。1989年取得國立成功大學機械工程碩士學位，之後便從事技術研發與管理工作迄今。主要專長為精密機械性能測試與分析、技術開發管理與系統整合。曾多次參與英、美、日等國研究機構的技術引進計畫，因而累積多年的翻譯經驗。目前任職於跨國外商公司技術開發部門。

　　譯者於2002年開始接觸華德福教育，接著便以業餘時間參與華德福教育的研討與相關資料的翻譯，本書為譯者第一本出版的譯作。

　　譯者聯絡信箱：woodswhisper@gmail.com

國家圖書館出版品預行編目（CIP）資料

玩，也能學好數學：以遊戲開啟孩子的數學天賦／
Henning Andersen 著；張評順譯. -- 初版.--
臺北市：心理，2013.05
　面；　公分.--（幼兒教育系列；51162）
譯自：Active arithmetic: movement and mathematics
teaching in the lower grades of a Waldorf school
ISBN 978-986-191-539-5（平裝）

1. 數學教育　2. 學前教育　3. 小學教學

523.23　　　　　　　　　　　　　　　102005216

幼兒教育系列 51162

## 玩，也能學好數學：以遊戲開啟孩子的數學天賦

作　　者：Henning Andersen
繪　　圖：Henning Andersen
譯　　者：張評順
校 訂 者：苗蕙雯
執行編輯：林汝穎
總 編 輯：林敬堯
發 行 人：洪有義
出 版 者：心理出版社股份有限公司
地　　址：231 新北市新店區光明街 288 號 7 樓
電　　話：(02)29150566
傳　　真：(02)29152928
郵撥帳號：19293172　心理出版社股份有限公司
網　　址：http://www.psy.com.tw
電子信箱：psychoco@ms15.hinet.net
駐美代表：Lisa Wu（lisawu99@optonline.net）
排 版 者：臻圓打字印刷有限公司
印 刷 者：正恒實業有限公司
初版一刷：2013 年 5 月
初版四刷：2017 年 3 月
I S B N：978-986-191-539-5
定　　價：新台幣 280 元